簿記能力検定試験　第 206 回〜第 213 回　過去問題集

1級　商業簿記・会計学

＜目 次＞

JN025550

はじめに

　この問題集は，本協会主催の検定試験の過去問題を収録し，作問の先生方による解説をつけて1冊としたものです。

　本書に掲載された過去問題に取り組み，さらに出題範囲に目を通すことで，毎回出題される問題の傾向や形式をつかむことができ，受験される方にも役だてていただけることと思います。

　試験問題対策には，過去の試験で実際に出題された問題を解く「過去問学習」が有効です。収録回数を2年分（8回分）に抑え，その分，丁寧な解説を加えているので反復練習がしやすく，検定試験に合格できるだけの実力を確実に養成できます。

　試験直前の総仕上げや力試しとして，ぜひとも過去問題に取り組んでください。

　本書を有効に活用し，検定試験に合格されることを期待しています。また下位級からステップアップして上位級にチャレンジされることをおすすめします。

　ぜひ，学習教材の1つとしてご活用いただき，1人でも多くの方が見事合格されることを祈ります。

　最後に，本書のためにご多用のところ問題の解答・解説にご尽力いただきました作問の先生方のご支援に厚くお礼申し上げます。

令和6年4月

監修者　公益社団法人　全国経理教育協会

公益社団法人　全国経理教育協会　主催
文部科学省・日本簿記学会　後援

簿記能力検定試験について

・試　験　日・試験時間・受　験　料・申込期間・試験会場・合格発表・申込方法・受験要項・出題範囲等

　全国経理教育協会ホームページをご覧ください。

［受験者への注意］

1．申し込み後の変更，取り消し，返金はできませんのでご注意ください。

2．受験者は，試験開始時間の10分前までに入り，受験票を指定の番号席に置き着席してください。

3．解答用紙の記入にあたっては，黒鉛筆または黒シャープペンを使用してください。

　簿記上，本来赤で記入する箇所も黒で記入してください。

4．計算用具（計算機能のみの電卓またはそろばん）を持参してください。

5．試験は，本協会の規定する方法によって行います。

6．試験会場では試験担当者の指示に従ってください。

この試験についての詳細は，本協会又はお近くの本協会加盟校にお尋ねください。

郵便番号　　170−0004

東京都豊島区北大塚1丁目13番12号

公益社団法人　全国経理教育協会
helpdesk@zenkei.or.jp

受験番号

解答は，すべて解答用紙に記入して必ず提出してください。

第206回簿記能力検定試験
問題用紙

1級　商業簿記・会計学

（令和4年5月29日施行）

問題用紙（計算用紙含）は回収します。持ち帰り厳禁です。

注　意

- 試験開始の合図があるまで，問題用紙は開かないでください。
- この試験の制限時間は1時間30分です。
- 解答は，問題の指示にしたがい，すべて解答用紙の指定の位置に記入してください。
- 解答用紙の会場コードは，試験担当者が指示した6桁の数字を頭の0（ゼロ）を含めてすべて書いてください。
  受験番号は右寄せで書いてください。左の空白欄への0（ゼロ）記入は不要です。
  受験番号1番の場合，右寄せで1とだけ書いてください。
  受験番号90001番の場合，右寄せで90001とだけ書いてください。
  受験番号を記入していない場合や，氏名を記入した場合には，採点の対象とならない場合があります。
- 印刷の汚れや乱丁，筆記用具の不具合などで必要のある場合は，手をあげて試験担当者に合図をしてください。
- 下敷きは，机の不良などで特に許されたもの以外は使用してはいけません。
- 計算用具（そろばん・計算機能のみの電卓など）を使用してもかまいません。
- 解答用紙は，持ち帰りできませんので白紙の場合でも必ず提出してください。
  解答用紙を持ち帰った場合は失格となり，以後の受験をお断りする場合があります。
- **簿記上本来赤で記入する箇所も黒で記入すること。**
- **解答は，必ず解答用紙に記入してください。**
- **金額には3位ごとのカンマ「，」を記入すること。**
  ただし，位取りのけい線のある解答用紙にはカンマを記入しないこと。
  また，カンマ「，」（数字の下側に左向き）と小数点「．」は明確に区別できるようにすること。

主　催　公益社団法人　全国経理教育協会
後　援　文　部　科　学　省
　　　　日　本　簿　記　学　会

7

第206回簿記能力検定試験問題
1級　商業簿記・会計学

解答は解答用紙に

第1問　次の企業会計原則及び同注解に準拠した文章の（ ア ）から（ コ ）にあてはまる語を下の語群から選び，その番号を書きなさい。なお，同一の記号には，同一の語が入る。（20点）

1．企業会計は，すべての（ ア ）につき，（ イ ）の原則に従って，（ ウ ）な（ エ ）を作成しなければならない。

2．貸借対照表は，企業の（ オ ）を明らかにするため，貸借対照表日におけるすべての資産，（ カ ）及び資本を記載し，株主，債権者その他の（ キ ）にこれを正しく表示するものでなければならない。

3．企業会計が目的とするところは，企業の（ ク ）を明らかにし，企業の状況に関する（ キ ）の判断を誤らせないようにすることにあるから，（ ケ ）性の乏しいものについては，本来の厳密な（ コ ）によらないで他の簡便な方法によることも，（ イ ）の原則に従った処理として認められる。

1	会 計 帳 簿	2	実 現 主 義	3	財 政 状 態	4	重　　　要	5	収　　　益
6	正 規 の 簿 記	7	引 当 金	8	費　　　用	9	客　　　観	10	財 務 内 容
11	負　　　債	12	有　　　利	13	会 計 処 理	14	取　　　引	15	経 営 成 績
16	真 実 な 報 告	17	正　　　確	18	監 査 手 続	19	利 害 関 係 者	20	金 融 機 関

第2問　次の取引を仕訳しなさい。ただし，勘定科目は，次の中から最も正しいと思われるものを選ぶこと。（24点）

現　　　金	当 座 預 金	受 取 手 形	本　　　店
未 収 金	前 払 金	東 京 支 店	名 古 屋 支 店
利 息 未 決 算	保 管 有 価 証 券	建　　　物	建物減価償却累計額
不 渡 手 形	買 掛 金	支 払 手 形	未 払 金
保 証 債 務	前 受 金	預 り 有 価 証 券	資 本 金
資 本 準 備 金	資本準備金減少差益	繰越利益剰余金	売　　　上
受 取 利 息	有価証券運用損益	保証債務取崩益	仕　　　入
手 形 売 却 損	支 払 利 息	減 損 損 失	固定資産除却損

1．当社の工場建物（取得原価¥50,000,000，減価償却累計額¥12,000,000）について，決算日において減損の兆候がみられたため，減損損失を計上することとした。当該工場建物の正味売却価額は¥20,000,000，使用価値は¥19,000,000と見積られた。減損処理を行う前の取得原価から減損損失を直接に控除する方法を採用すること。

2．当社は期首の4月1日に備品（取得原価¥2,000,000）を8回の分割払いの契約で購入し，下記のとおり仕訳を行っている。契約によると，毎月末の支払額は¥252,000であり，本日，第1回（4月30日）の割賦金は現金で支払った。利息は定額法により計上する。

（借）備　　品　　2,000,000　　　　（貸）未 払 金　　2,016,000
　　　利息未決算　　　16,000

3．当社は，大阪に本店を置き，東京と名古屋に支店を設けている。会計処理は本店集中計算制度を採用し，商品を支店間で発送する際には，原価をもって記帳している。東京支店は原価¥563,000の商品を名古屋支店に発送し，本店はその連絡を受けた。本店での仕訳を解答しなさい。

4．かねて割引に付していた石狩工業株式会社振り出しの約束手形¥2,800,000が本日満期となり，取引銀行から無事決済されたとの連絡が入った。なお，保証債務の時価は，手形額面金額の1.4％として処理していた。

5．当社は，株主総会の特別決議により，欠損¥13,000,000をてん補するために，資本準備金¥15,000,000を減少することとした。

6．当社は，取引先長良商事株式会社から営業保証金¥4,000,000の代用として，同社が売買目的で所有する株式1,000株（1株の時価¥4,010）を預かり，その旨を元帳に記録した。

第3問　天竜商事株式会社（決算日3月31日）の〔資料〕にもとづき，仕入日，決算日及び決済日における仕訳を示しなさい。勘定科目は，以下より最も適当なものを選ぶこと。（10点）

普 通 預 金　　　商　　品　　　前 払 金　　　外貨建買掛金　　　為 替 差 損 益

〔資料〕

令和X年2月25日　米国ハドソン社から商品$5,000を仕入れた。すでに内金として$1,000は支払済であり（支払時の為替相場：$1＝¥116），残額は後日支払う約束となっている。本日の為替相場は，$1＝¥110である。

令和X年3月31日　本日，決算に際して，外貨建債権債務の換算替を行った。本日の為替相場は，$1＝¥109である。

令和X年4月15日　米国ハドソン社へ，商品代金の残額を普通預金口座より支払った。本日の為替相場は，$1＝¥111である。

第4問　北上株式会社（決算日3月31日）は，令和4年3月31日に吉野株式会社の発行済株式総数の80％を400,000千円で取得し，支配を獲得した。同日における吉野株式会社の資産のうち土地の時価は152,000千円（帳簿価額は132,000千円）であり，それ以外の資産及び負債の時価は帳簿価額と同額であった。支配獲得日の連結精算表を完成しなさい。なお，税効果会計は考慮しない。（10点）

貸 借 対 照 表
令和4年3月31日
（単位：千円）

資　　産	北上株式会社	吉野株式会社	負債・純資産	北上株式会社	吉野株式会社
諸　資　産	1,834,000	680,000	諸　負　債	358,000	270,000
子 会 社 株 式	400,000		資　本　金	1,424,000	300,000
			利 益 剰 余 金	452,000	110,000
資 産 合 計	2,234,000	680,000	負債・純資産合計	2,234,000	680,000

第5問　四万十物産株式会社の第15期（令和3年4月1日～令和4年3月31日）末の〔資料1〕決算整理前残高試算表，〔資料2〕検討事項及び〔資料3〕決算整理事項によって，次の問に答えなさい。（36点）

【問1】貸借対照表の負債の部と純資産の部を完成しなさい。なお，金額がマイナスの場合は，金額の前に△を付けること。

【問2】損益計算書を完成しなさい。

〔資料1〕決算整理前残高試算表

残 高 試 算 表
令和4年3月31日
（単位：千円）

借　方　科　目	金　　額	貸　方　科　目	金　　額
現　　　　　金	2,640	支 払 手 形	25,000
当 座 預 金	80,080	買 　掛　 金	61,700
受 取 手 形	52,000	仮 受 金	59,670
売 　掛　 金	48,000	長 期 借 入 金	40,000
有 価 証 券	32,080	退 職 給 付 引 当 金	18,600
繰 越 商 品	23,800	貸 倒 引 当 金	430
仮 　払　 金	59,200	建物減価償却累計額	66,000
建　　　　　物	210,000	備品減価償却累計額	23,500
備　　　　　品	94,000	資 本 金	100,000
土　　　　　地	20,000	資 本 準 備 金	28,000
ソ フ ト ウ ェ ア	3,220	利 益 準 備 金	6,800
仕　　　　　入	341,900	繰 越 利 益 剰 余 金	23,375
給 料 手 当	70,500	売 上	598,000
旅 費 交 通 費	5,090	受 取 配 当 金	205
水 道 光 熱 費	2,710	雑 収 入	3,200
保 険 料	8,400		
雑 費	860		
	1,054,480		1,054,480

〔資料2〕検討事項

1．決算のため，取引銀行から取り寄せた令和4年3月31日付の当座預金口座の残高証明書によれば，銀行口座残高は81,640千円であり，当座預金勘定帳簿残高と一致しない。不一致の原因を調べたところ，次の事実が判明した。

(1) 仕入先への買掛金540千円の支払いとして振り出した小切手が渡されず，当社の金庫に保管されていた。

(2) 仕入先への買掛金690千円の支払いとして振り出した小切手が渡されていたが，取付け未済であった。

(3) 備品の修繕費330千円（雑費勘定で処理）の支払いとして振り出した小切手が渡されず，当社の金庫に保管されていた。

2．仮払金の内訳は，次のとおりである。

(1) 消費税の仮払額　　　　　　　　　　　　　　　　　　　34,600千円

(2) 法人税等の中間納付額　　　　　　　　　　　　　　　　23,800千円

(3) 退職者に対する退職一時金の支払額　　　　　　　　　　　　800千円

3．仮受金の内訳は，次のとおりである。

(1) 消費税の仮受額　　　　　　　　　　　　　　　　　　　57,530千円

(2) 令和4年3月31日を払込期日とする新株1,500株の発行に伴う払込金額　1,800千円（1株につき1.2千円）
　　なお，当該払込金額のうち2分の1を資本金に組み入れることとする。

(3) 得意先からの商品注文による手付金　　　　　　　　　　　　340千円

4．当社は，消費税の処理方法として税抜方式によっている。本日，消費税の整理を行う。

〔資料3〕決算整理事項

1．受取手形と売掛金の期末残高に対して，過去の実績率1.8%の貸し倒れを差額補充法により見積もる。

2．当期末に保有する有価証券は，次のとおりである。なお，税効果会計は考慮外とする。

銘　柄	保有株数	取得原価	期末時価	保有目的
最上会社株式	5,200株	3.4千円／株	3.0千円／株	売買目的
利根会社株式	4,000株	1.8千円／株	2.2千円／株	売買目的
筑後会社株式	3,600株	2.0千円／株	2.5千円／株	その他

3．期末商品棚卸高は，次のとおりである。なお，棚卸減耗費及び商品評価損の表示は，売上原価の内訳項目とする。

種　類	期　末　数　量		取　得　原　価	正味売却価額
	帳簿棚卸数量	実地棚卸数量		
a商品	1,600個	1,550個	8.0千円／個	7.6千円／個
b商品	2,480個	2,400個	6.0千円／個	7.4千円／個

4．減価償却は，次のとおり行う。

建　物　定額法　耐用年数35年　残存価額はゼロ

備　品　定率法　耐用年数8年　償却率0.250　残存価額はゼロ

5．ソフトウェアは，令和2年2月1日に自社利用目的で購入したものであり，有効年数5年で，定額法により償却している。

6．退職給付は内部積立方式によっているが，退職給付引当金の当期の繰入額は1,100千円である。

7．長期借入金40,000千円は，令和4年2月1日に，利子率年2.4%，1年経過毎に4,000千円ずつ分割して経過利息とともに返済する条件（次の支払日は令和5年1月31日）で，取引銀行から借り入れたものである。なお，利息計算は月割りによること。

8．保険料8,400千円は，令和3年10月1日に向こう2年分を支払ったものである。

9．当期の法人税等は，税引前当期純利益の30%とする。

※氏名は記入しないこと。

会場コード

受験番号

第206回簿記能力検定試験
1級　商業簿記・会計学　解答用紙

得　　点
点

制限時間
【1時間30分】

第1問採点

第1問 （20点）

ア	イ	ウ	エ	オ	カ	キ	ク	ケ	コ

第2問採点

第2問 （24点）

	借　方　科　目	金　　額	貸　方　科　目	金　　額
1				
2				
3				
4				
5				
6				

会場コード

受験番号

第3問（10点）

	借方科目	金額	貸方科目	金額
仕 入 日				
決 算 日				
決 済 日				

第4問（10点）

連 結 精 算 表

令和4年3月31日

（単位：千円）

勘 定 科 目	北上株式会社 借 方	北上株式会社 貸 方	吉野株式会社 借 方	吉野株式会社 貸 方	修 正 消 去 借 方	修 正 消 去 貸 方	連結貸借対照表 借 方	連結貸借対照表 貸 方
諸 資 産	1,834,000		680,000					
子 会 社 株 式	400,000							
諸 負 債		358,000		270,000				
資 本 金		1,424,000		300,000				
利 益 剰 余 金		452,000		110,000				
評 価 差 額								
の れ ん								
（　　　　　）								
	2,234,000	2,234,000	680,000	680,000				

第5問（36点）

【問1】

（単位：千円）

負　債　の　部	金　　額
流　動　負　債	
支　払　手　形	25,000
買　　掛　　金	（　　　　　）
未　　払　　金	（　　　　　）
未　払　費　用	（　　　　　）
未　払　法　人　税　等	（　　　　　）
（　　　　　　　　　）	（　　　　　）
前　　受　　金	（　　　　　）
1年以内返済長期借入金	（　　　　　）
流　動　負　債　合　計	（　　　　　）
固　　定　　負　　債	
長　期　借　入　金	（　　　　　）
退　職　給　付　引　当　金	（　　　　　）
固　定　負　債　合　計	（　　　　　）
負　　債　　合　　計	（　　　　　）
純　資　産　の　部	
株　　主　　資　　本	
資　　本　　金	（　　　　　）
資　本　剰　余　金	
資　本　準　備　金	（　　　　　）
利　益　剰　余　金	
利　益　準　備　金	6,800
繰　越　利　益　剰　余　金	（　　　　　）
利　益　剰　余　金　合　計	（　　　　　）
株　主　資　本　合　計	（　　　　　）
評　価・換　算　差　額　等	
（　　　　　　　　　）	（　　　　　）
評価・換算差額等合計	（　　　　　）
純　資　産　合　計	（　　　　　）
負　債・純　資　産　合　計	（　　　　　）

【問2】

損　益　計　算　書

四万十物産㈱　　　　令和3年4月1日～令和4年3月31日　　　　　（単位：千円）

売　上　高		598,000
売　上　原　価		
期首商品棚卸高	23,800	
当期商品仕入高	341,900	
合　　計	365,700	
期末商品棚卸高	(　　　　　　)	
差　引	(　　　　　　)	
棚卸減耗費	(　　　　　　)	
商品評価損	(　　　　　　)	(　　　　　　)
売上総利益		(　　　　　　)
販売費及び一般管理費		
給料手当	70,500	
退職給付費用	(　　　　　　)	
貸倒引当金繰入	(　　　　　　)	
旅費交通費	5,090	
水道光熱費	2,710	
減価償却費	(　　　　　　)	
保険料	(　　　　　　)	
(　　　　　)償却	(　　　　　　)	
雑費	860	(　　　　　　)
営業利益		(　　　　　　)
営業外収益		
受取配当金	205	
雑収入	3,200	3,405
営業外費用		
支払利息	(　　　　　　)	
(　　　　　　　)	(　　　　　　)	(　　　　　　)
税引前当期純利益		(　　　　　　)
法人税等		(　　　　　　)
当期純利益		(　　　　　　)

受験番号

解答は，すべて解答用紙に記入して必ず提出してください。

第207回簿記能力検定試験
問題用紙

1級　商業簿記・会計学

（令和4年7月10日施行）

問題用紙（計算用紙含）は回収します。持ち帰り厳禁です。

注　意

- 試験開始の合図があるまで，問題用紙は開かないでください。
- この試験の制限時間は1時間30分です。
- 解答は，問題の指示にしたがい，すべて解答用紙の指定の位置に記入してください。
- 解答用紙の会場コードは，試験担当者が指示した6桁の数字を頭の0（ゼロ）を含めてすべて書いてください。
  受験番号は右寄せで書いてください。左の空白欄への0（ゼロ）記入は不要です。
  受験番号1番の場合，右寄せで1とだけ書いてください。
  受験番号90001番の場合，右寄せで90001とだけ書いてください。
  受験番号を記入していない場合や，氏名を記入した場合には，採点の対象とならない場合があります。
- 印刷の汚れや乱丁，筆記用具の不具合などで必要のある場合は，手をあげて試験担当者に合図をしてください。
- 下敷きは，机の不良などで特に許されたもの以外は使用してはいけません。
- 計算用具（そろばん・計算機能のみの電卓など）を使用してもかまいません。
- 解答用紙は，持ち帰りできませんので白紙の場合でも必ず提出してください。
  解答用紙を持ち帰った場合は失格となり，以後の受験をお断りする場合があります。
- **簿記上本来赤で記入する箇所も黒で記入すること。**
- **解答は，必ず解答用紙に記入してください。**
- **金額には3位ごとのカンマ「，」を記入すること。**
  ただし，位取りのけい線のある解答用紙にはカンマを記入しないこと。
  また，カンマ「，」（数字の下側に左向き）と小数点「．」は明確に区別できるようにすること。

主　催　　公益社団法人　全国経理教育協会
後　援　　文　部　科　学　省
　　　　　日　本　簿　記　学　会

15

第207回簿記能力検定試験問題
1級　商業簿記・会計学

解答は解答用紙に

第1問　次の企業会計原則及び同注解に準拠した文章の（ ア ）から（ コ ）にあてはまる語を下の語群から選び，その番号を書きなさい。なお，同一の記号には，同一の語が入る。(20点)

1．企業会計は，企業の財政状態及び経営成績に関して，（ ア ）な報告を提供するものでなければならない。

2．企業の財政に（ イ ）な影響を及ぼす（ ウ ）がある場合には，これに備えて適当に健全な会計処理をしなければならない。企業会計は，予測される（ エ ）の危険に備えて，慎重な判断に基づく会計処理を行わなければならないが，過度に（ オ ）な会計処理を行うことにより，企業の財政状態及び経営成績の（ ア ）な報告をゆがめてはならない。

3．（ エ ）の特定の費用又は損失であって，その（ カ ）が当期以前の事象に起因し，（ カ ）の（ ウ ）が高く，かつ，その金額を（ キ ）に見積ることができる場合には，当期の負担に属する金額を当期の費用又は損失として（ ク ）に繰入れ，当該（ ク ）の残高を貸借対照表の（ ケ ）の部又は資産の部に記載するものとする。なお，（ カ ）の（ ウ ）の低い（ コ ）事象に係る費用又は損失については，（ ク ）を計上することはできない。

1	過　　　　去	2	将　　　　来	3	不　　　　利	4	有　　　　利	5	合　理　的
6	重　要　性	7	積　立　金	8	引　当　金	9	経　過　的	10	保　守　的
11	可　能　性	12	繰　　　　延	13	発　　　　生	14	正　　　　確	15	偶　　　発
16	資　　　　本	17	純　資　産	18	負　　　　債	19	真　　　　実	20	後　　　　発

第2問　次の取引を仕訳しなさい。仕訳が不要の場合には，借方科目欄に「仕訳なし」と記入すること。また，勘定科目は，以下より最も適当なものを選ぶこと。(24点)

当　座　預　金	未　収　金	建　　　　物	建物減価償却累計額
リース資産減価償却累計額	ソフトウェア	その他有価証券	繰　延　税　金　資　産
リ　ー　ス　債　務	繰　延　税　金　負　債	退職給付引当金	その他有価証券評価差額金
保　険　差　益	有価証券運用損益	仕　　　　入	退職給付費用
支　払　手　数　料	修　繕　費	減　価　償　却　費	ソフトウェア償却
支　払　リ　ー　ス　料	支　払　利　息	火　災　損　失	火　災　未　決　算

1．建物の改修工事を行い，工事代金¥2,570,000として小切手を振り出して支払った。なお，工事代金のうち¥1,800,000は，耐用年数を延長するための支出として認められる。

2．当社（決算日9月30日）は，令和元年10月1日に備品のリース契約を締結し，リース物件の引き渡しを受けた。年間の支払リース料は¥840,000（毎年9月末に当座預金口座より支払う），期間5年の条件である。見積現金購入価額は¥4,000,000であり，所有権移転外ファイナンス・リース取引として処理している。
利子抜き法（利息相当額は，定額法により配分する）により，令和3年9月30日の仕訳を示しなさい。

3．当期首の火災により，倉庫（取得原価¥3,600,000，減価償却累計額¥2,880,000，記帳方法は間接法）及び商品¥2,480,000（売価¥4,240,000）が焼失した。なお，この倉庫及び商品には総額¥5,000,000の火災保険をかけている。

4．当社（決算日3月31日）は，令和4年1月に自社利用を目的としたソフトウェア¥1,800,000を購入した。令和4年3月末の決算整理に際して，定額法（償却期間5年，月割り計算）による償却計算を行う。

5．当期中に，円滑な取引関係を構築することを目的として，習志野株式会社の株式15,000株を1株¥7,200で取得し，証券会社に支払う手数料¥540,000とともに当座預金口座から支払っている。
本日，決算に際して，期末時価1株¥7,400へ評価替えを行う。全部純資産直入法により，法定実効税率30%を適用した税効果会計を考慮すること。

6．当社は，退職給付について内部積立方式によっており，退職給付引当金勘定は¥33,175,000の貸方残高であった。本日，従業員の退職に伴う一時金の支払いとして¥3,000,000を当座預金口座から支払った。

第3問 取引銀行から当座預金の残高証明書を取り寄せ，当社の勘定残高との不一致の原因を調査した。次の事項が判明したので，銀行勘定調整表に記入しなさい。なお，〔　〕には時間外預入，未取立小切手，未取付小切手，未渡小切手，誤記入訂正のうち，最も適当な用語を記入すること。ただし，すべての空欄が埋まるとは限らない。(10点)

(1) 広告宣伝費￥134,000を支払うために振り出したはずの小切手が，実際には相手方に未渡しであった。
(2) 売掛金￥169,000を回収するために得意先から受け入れた小切手が，未取立ての状態であった。
(3) 買掛金￥74,000を支払った際，誤って貸借反対に勘定記入していたことが判明した。
(4) 買掛金￥163,000を支払うために振り出した小切手が，未取付けの状態であった。

第4問 木更津株式会社の第33期（令和3年1月1日〜令和3年12月31日）に関する〔資料〕にもとづき，次の問に答えなさい。(12点)

〔資料〕
1．令和3年3月26日開催の第32期定時株主総会において決議された事項
　　(1) 株主への配当金として，21,000千円を支払う。配当原資は繰越利益剰余金とする。
　　(2) (1)をふまえ，会社法に定められた最低額の利益準備金を積み立てる。
　　(3) 新築積立金として，2,400千円を積み立てる。
　　(4) 第三者割当増資を行い，新株を発行する。ただし，会社法に定められた最低額を資本金とする。
　　　　発行価額：3千円／株，株式総数：30,000株
2．1．(4)について，全額が払い込まれた。株式交付費として480千円を当座預金口座から支払っている。
3．第33期に計上した当期純利益　7,400千円

【問】株主資本等変動計算書（一部）における（　）の中に適当な金額を記入し，①〜⑥の金額を答えなさい。金額がマイナスのときは，金額の前に△を付すこと。当期変動額がゼロのときは，「—」としている。

（単位：千円）

	株 主 資 本						
	資本金	資本剰余金		利益剰余金			株主資本合計
		資本準備金	その他資本剰余金	利益準備金	その他利益剰余金		
					新築積立金	繰越利益剰余金	
当 期 首 残 高	200,000	40,000	15,000	8,300	56,500	210,200	530,000
当 期 変 動 額							
新株の発行	(　　)	(①)					(　　)
剰余金の配当				(　　)		(　　)	(②)
新築積立金の積立					(　　)	(③)	—
当 期 純 利 益						(　　)	
当期変動額合計	(　　)	(　　)	—	(④)	(　　)	(　　)	
当 期 末 残 高	(⑤)	(　　)	(　　)	(　　)	(　　)	(　　)	(⑥)

第5問 君津株式会社は第33期（令和3年3月1日〜令和4年2月28日）中に支店を開設した。支店の会計は，本店の会計から独立させている。〔資料1〕決算整理前残高試算表，〔資料2〕未達事項及び〔資料3〕決算整理事項等にもとづき，次の問に答えなさい。決算日の為替相場（1ドルあたり）は114円とする。(34点)
【問1】〔資料2〕未達事項を仕訳しなさい。
【問2】貸借対照表（一部）を完成しなさい。
【問3】損益計算書を完成しなさい。
【問4】ＲＯＥ（自己資本当期純利益率）を求めなさい。なお，自己資本については，期中平均ではなく期末の金額を用いること。解答上の端数は，％の小数第1位未満を四捨五入して小数第1位まで示すこと。

17

〔資料1〕決算整理前残高試算表

残　高　試　算　表
令和4年2月28日　　　　　　　　　　　（単位：千円）

借　方　科　目	本　店	支　店	貸　方　科　目	本　店	支　店
現　　　　　金	2,930	460	現　金　過　不　足	90	—
当　座　預　金	6,430	2,380	買　　掛　　金	2,070	—
受　取　手　形	5,330	—	外　貨　建　買　掛　金	2,200	—
売　　掛　　金	10,090	5,000	仮　受　消　費　税	8,550	2,230
売買目的有価証券	4,400	—	本　　　　　店	—	5,240
繰　越　商　品	4,210	—	所　得　税　預　り　金	420	230
仮　　払　　金	—	7,400	貸　倒　引　当　金	190	—
仮　払　法　人　税　等	3,430	—	建物減価償却累計額	3,840	—
仮　払　消　費　税	5,900	900	備品減価償却累計額	800	—
支　　　　　店	5,950	—	資　　本　　金	7,000	—
建　　　　　物	12,000	—	資　本　準　備　金	7,000	—
備　　　　　品	4,800	—	別　途　積　立　金	8,350	—
土　　　　　地	14,000	—	繰　越　利　益　剰　余　金	23,550	—
満　期　保　有　目　的　債　券	3,860	—	売　　　　　上	83,500	22,300
仕　　　　　入	24,100	6,710	受　取　配　当　金	440	—
給　　　　　料	16,020	4,560	受　取　家　賃	2,000	—
広　告　宣　伝　費	18,630	—			
水　道　光　熱　費	7,920	2,590			
	150,000	30,000		150,000	30,000

〔資料2〕未達事項
1．本店より支店へ発送した商品80個（単価10.5千円／個）が，支店に未達である。
2．本店は支店の水道光熱費290千円を支払ったが，支店に未達である。
3．支店は本店の売掛金420千円を回収したが，本店に未達である。

〔資料3〕決算整理事項等
1．現金過不足の原因は，現金払いの広告宣伝費120千円を，誤って210千円と記帳していたためと判明した。
2．売上債権の期末残高に対して，1.8%の貸倒引当金を見積もる（差額補充法によること）。
3．外貨建買掛金の内訳は，米国A社へ11千ドル，B社へ9千ドルである。支払期日はいずれも令和4年4月である。
4．有価証券の内訳は，次のとおりである。

銘　　柄	保有株(口)数	取　得　原　価	期　末　時　価	保　有　目　的
市原会社株式	5千株	880円／株	860円／株	短期的な価格変動による値上がり益
佐倉会社債券	40千口	96.5円／口	98円／口	満期まで保有し，利息を受け取る（注）

（注）令和3年9月1日に取得している。償還期限は令和7年2月末，券面利率は年1.5%，利払日は8月末及び2月末（年2回）である。取得原価と額面金額の差は金利の調整分と認められるため，償却原価法（定額法）による月割り計算を行う。なお，令和4年2月分の利札は未処理である。
5．期末商品棚卸高は，次のとおりである。ただし，〔資料2〕1．の未達分は含まれていない。

	期　末　数　量		取　得　原　価	正味売却価額
	帳簿棚卸数量	実地棚卸数量		
本　　店	310個	300個	13千円／個	44千円／個
支　　店	120個	120個	10.5千円／個	32千円／個

6．有形固定資産の減価償却を行う（残存価額ゼロ，過年度の償却計算は正しく行われている）。
　　建　　物　　定額法　　　　　償却率0.050
　　備　　品　　200%定率法　　償却率0.250　　なお，〔資料3〕7．も参照のこと。
7．仮払金勘定は，支店の営業開始までに要した現金支出である。ただし，3,600千円は令和3年9月に使用を開始した備品の購入額であり，減価償却は本店と同様に行う。また，1,600千円は令和4年4月末までの8か月分の支払地代である。残額2,200千円は，広告宣伝費として処理する。
8．期中の仮払消費税及び仮受消費税について，適切に処理すること。
9．当期の法人税等6,710千円を計上する。なお，仮払法人税等勘定は期中に納付した中間申告分である。

※氏名は記入しないこと。

会場コード

受験番号

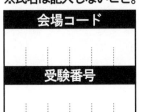

第207回簿記能力検定試験
1級　商業簿記・会計学　解答用紙

得　点

点

制限時間
【1時間30分】

第1問採点

第1問 （20点）

ア	イ	ウ	エ	オ	カ	キ	ク	ケ	コ

第2問採点

第2問 （24点）

	借　方　科　目	金　　額	貸　方　科　目	金　　額
1				
2				
3				
4				
5				
6				

第3問採点

第3問 （10点）

銀 行 勘 定 調 整 表			(単位：円)		
当座預金勘定残高		989,000	残 高 証 明 書 残 高		969,000
（加　算）			（加　算）		
〔　　　　　〕	（　　　　　）		〔　　　　　〕	（　　　　　）	
〔　　　　　〕	（　　　　　）		〔　　　　　〕	（　　　　　）	
（減　算）			（減　算）		
〔　　　　　〕	（　　　　　）		〔　　　　　〕	（　　　　　）	
	（　　　　　）			（　　　　　）	

第4問採点

第4問 （12点）

(単位：千円)

①	②	③	④

⑤	⑥

第5問採点

第5問 （34点）

【問1】

(単位：千円)

	借 方 科 目	金 額	貸 方 科 目	金 額
1				
2				
3				

【問2】

貸 借 対 照 表

君津株式会社　　　　　　　令和4年2月28日　　　　　　（単位：千円）

資 産 の 部	金　　　額	
流 動 資 産		
現 金 預 金		（　　　　　　）
受 取 手 形	5,330	
売 掛 金	（　　　　　）	
貸 倒 引 当 金	△（　　　　　）	（　　　　　　）
有 価 証 券		（　　　　　　）
商 品		（　　　　　　）
（　　　　　　　　　）		（　　　　　　）
流 動 資 産 合 計		（　　　　　　）
固 定 資 産		
有 形 固 定 資 産		
建 物	12,000	
減 価 償 却 累 計 額	△（　　　　　）	（　　　　　　）
備 品	（　　　　　）	
減 価 償 却 累 計 額	△（　　　　　）	（　　　　　　）
土 地		14,000
有 形 固 定 資 産 合 計		（　　　　　　）
投 資 そ の 他 の 資 産		
投 資 有 価 証 券		（　　　　　　）
投資その他の資産合計		（　　　　　　）
固 定 資 産 合 計		（　　　　　　）
資 産 合 計		（　　　　　　）

負債・純資産の部	金　　　額	
負 債 の 部		
買 掛 金		（　　　　　　）
未 払 法 人 税 等		（　　　　　　）
未 払 消 費 税		（　　　　　　）
預 り 金		（　　　　　　）
負 債 合 計		（　　　　　　）
純 資 産 の 部		
（ 以下省略 ）		

【問3】

損 益 計 算 書

君津株式会社　　自令和3年3月1日　至令和4年2月28日　　（単位：千円）

売　上　高		105,800
売　上　原　価		
期首商品棚卸高	4,210	
当期商品仕入高	（　　　　　）	
合　　　計	（　　　　　）	
期末商品棚卸高	（　　　　　）	（　　　　　）
（　　　）利益		（　　　　　）
販売費及び一般管理費		
給　　　料	20,580	
貸倒引当金繰入	（　　　　　）	
広告宣伝費	（　　　　　）	
水道光熱費	（　　　　　）	
支払地代	（　　　　　）	
減価償却費	（　　　　　）	（　　　　　）
（　　　）利益		（　　　　　）
営　業　外　収　益		
有価証券利息	（　　　　　）	
受取配当金	440	
受取家賃	2,000	（　　　　　）
営　業　外　費　用		
有価証券評価損	（　　　　　）	
為替差損	（　　　　　）	（　　　　　）
経　常　利　益		（　　　　　）
特　別　損　失		
棚卸減耗費	（　　　　　）	（　　　　　）
税引前当期純利益		（　　　　　）
法　人　税　等		6,710
当　期　純　利　益		（　　　　　）

【問4】

ROE（自己資本当期純利益率）
％

受験番号

解答は，すべて解答用紙に記入して必ず提出してください。

第208回簿記能力検定試験
問題用紙

1級　商業簿記・会計学

（令和4年11月27日施行）

問題用紙（計算用紙含）は回収します。持ち帰り厳禁です。

注　意

- ・試験開始の合図があるまで，問題用紙は開かないでください。
- ・この試験の制限時間は1時間30分です。
- ・解答は，問題の指示にしたがい，すべて解答用紙の指定の位置に記入してください。
- ・解答用紙の会場コードは，試験担当者が指示した6桁の数字を頭の0（ゼロ）を含めてすべて書いてください。
  受験番号は右寄せで書いてください。左の空白欄への0（ゼロ）記入は不要です。
  受験番号1番の場合，右寄せで1とだけ書いてください。
  受験番号90001番の場合，右寄せで90001とだけ書いてください。
  受験番号を記入していない場合や，氏名を記入した場合には，採点の対象とならない場合があります。
- ・印刷の汚れや乱丁，筆記用具の不具合などで必要のある場合は，手をあげて試験担当者に合図をしてください。
- ・下敷きは，机の不良などで特に許されたもの以外は使用してはいけません。
- ・計算用具（そろばん・計算機能のみの電卓など）を使用してもかまいません。
- ・解答用紙は，持ち帰りできませんので白紙の場合でも必ず提出してください。
  解答用紙を持ち帰った場合は失格となり，以後の受験をお断りする場合があります。
- ・**簿記上本来赤で記入する箇所も黒で記入すること。**
- ・**解答は，必ず解答用紙に記入してください。**
- ・**金額には3位ごとのカンマ「，」を記入すること。**
  ただし，位取りのけい線のある解答用紙にはカンマを記入しないこと。
  また，カンマ「，」（数字の下側に左向き）と小数点「．」は明確に区別できるようにすること。

主　催　　公益社団法人　全国経理教育協会

後　援　　文　部　科　学　省
　　　　　日　本　簿　記　学　会

第208回簿記能力検定試験問題
1級　商業簿記・会計学

解答は解答用紙に

第1問　次の企業会計原則及び同注解の文章の（ア）から（コ）の中にあてはまる語を下の語群から選び，その番号を書きなさい。なお，同一の記号には，同一の語が入る。（20点）

1．企業会計は，その処理の（ア）及び（イ）を毎期（ウ）して適用し，みだりにこれを（エ）してはならない。

2．企業が選択した会計処理の（ア）及び（イ）を毎期（ウ）して適用しないときは，同一の（オ）について異なる（カ）額が算出されることになり，（キ）の期間比較を困難ならしめ，この結果，企業の財務内容に関する（ク）の判断を誤らしめることになる。従って，いったん採用した会計処理の（ア）又は（イ）は，（ケ）により（エ）を行う場合を除き，（キ）を作成する各時期を通じて（ウ）して適用しなければならない。なお，（ケ）によって，会計処理の（ア）又は（イ）に重要な（エ）を加えたときは，これを当該（キ）に（コ）しなければならない。

1	原　　　　　則	2	会 計 帳 簿	3	報　　　　　告	4	表　　　　　示	5	資　　　　　産
6	会 計 方 針	7	正 当 な 理 由	8	変　　　　　更	9	重　要　性	10	純　資　産
11	利 害 関 係 者	12	手　　　　　続	13	継　　　　　続	14	注　　　　　記	15	簡 便 な 方 法
16	財 務 諸 表	17	利　　　　　益	18	会 計 事 実	19	真　　　　　実	20	慎 重 な 判 断

第2問　次の取引を仕訳しなさい。ただし，勘定科目は，次の中から最も正しいと思われるものを選ぶこと。（24点）

現　　　　　金	当 座 預 金	別 段 預 金	クレジット売掛金
受 取 手 形	備　　　　　品	建　　　　　物	満期保有目的債券
前 払 金	その他有価証券	建 設 仮 勘 定	名 古 屋 支 店
大 阪 支 店	支 払 手 形	買 掛 金	社　　　　　債
仕　　　　　入	支 払 手 数 料	前 受 金	資 産 除 去 債 務
売　　　　　上	有 価 証 券 利 息	支 払 利 息	社 債 利 息
為 替 差 損	資 本 金	資 本 準 備 金	仮 払 消 費 税
為 替 差 益	仮 受 消 費 税	新株式申込証拠金	本　　　　　店

1．当社は，東京に本店を置き，大阪と名古屋に支店を設けている。会計処理は支店分散計算制度を採用し，商品を支店間で発送する際には，原価をもって記帳している。大阪支店は原価¥476,000の商品を名古屋支店に発送し，名古屋支店は当該商品を受け取った。名古屋支店の仕訳を解答しなさい。

2．当社は，建物を取得し，使用を開始した。当該建物の取得原価は¥80,000,000，耐用年数は10年であり，当社には当該建物を使用後に除去する法的義務がある。当社が当該建物を除去するときの支出は¥1,000,000（割引現在価値は¥890,000）と見積られている。建物の代金は小切手を振り出して支払っており，合わせて資産除去債務を計上すること。

3．かねて増資のために株式8,000株を1株あたり¥4,500で募集し，全株式の申し込みを受け，払込金の全額を新株式申込証拠金として処理していた。本日，払込金額のうち会社法に定められた最低額を資本金に組み入れると同時に，別段預金を当座預金とした。

4．当社は，令和3年4月1日の発行時に摩周物産株式会社の社債（額面総額：¥10,000,000，額面¥100につき¥96で取得，償還期限5年，利率年1.5%，利払日は9月末日と3月末日の年2回）を満期まで保有する目的で取得している。決算（令和4年3月31日）に際し，適切な処理を行う。なお，取得価額と債券金額との差額の性格が金利の調整と認められるため，償却原価法（定額法）を適用する。また，利払日が到来した利息については計上済みである。

5．当社は，商品¥700,000（税抜価額）をクレジット払いの条件で販売した。信販会社へのクレジット手数料は販売代金（税込価額）の2%であり，販売時に認識する。なお，消費税の税率は10%であり，税抜方式を採用している。また，手数料に消費税は課されないものとする。

6．当社は，仕入先である米国企業に手付金として$12,000を支払っている。本日，注文していた商品が到着し，代金$50,000のうち手付金を除いた残額を掛けとした。手付金支払日，商品到着日の為替レートは，それぞれ$1あたり¥130，¥134である。

第3問　次の決算資料に基づいて，(1)流動比率，(2)当座比率，(3)ROA（総資産経常利益率），(4)ROE（自己資本当期純利益率）を求めなさい。なお，計算上用いる資料は下記決算資料のみとし，解答上端数が生じた場合は，％の小数第1位未満を四捨五入して小数第1位まで示すこと。(12点)

（単位：千円）

資産合計額：760,000（内訳　現金預金：31,050　売上債権：44,200　有価証券：23,300　棚卸資産：17,000

短期貸付金：38,700　固定資産合計額：605,750）　流動負債合計額：125,000　固定負債合計額：160,000

売上高：826,000　　売上原価：578,200　　販売費及び一般管理費：136,900　　営業外収益：60,120

営業外費用：2,300　　特別利益：15,000　　特別損失：102,610　　法人税等：28,385

第4問　琵琶株式会社は，令和4年10月1日に浜名株式会社を吸収合併した。合併直前の両社の貸借対照表は次のとおりである。合併に際し，琵琶株式会社は浜名株式会社の株主へ1株あたり8千円の普通株式を33,000株発行し，同時に15,000千円の現金を交付した。企業結合日における諸資産の時価は琵琶株式会社が2,578,000千円，浜名株式会社は895,000千円であった。諸負債の時価は，両社ともに帳簿価額と同額であった。なお，琵琶株式会社は新株の払込価額のうち，200,000千円を資本金とし，残額を資本準備金とする。

以上より，琵琶株式会社の合併直後の貸借対照表を完成しなさい。（8点）

貸 借 対 照 表

令和4年10月1日　　　　　　　　　　　　　　　　　（単位：千円）

資　産	琵琶株式会社	浜名株式会社	負債・純資産	琵琶株式会社	浜名株式会社
諸　資　産	2,120,000	845,000	諸　負　債	432,000	632,000
			資　本　金	1,000,000	110,000
			資本準備金	500,000	50,000
			繰越利益剰余金	188,000	53,000
資　産　合　計	2,120,000	845,000	負債・純資産合計	2,120,000	845,000

第5問　十和田商事株式会社の第35期（令和3年4月1日～令和4年3月31日）末の〔資料1〕決算整理前残高試算表，〔資料2〕検討事項及び〔資料3〕決算整理事項にもとづき，次の問に答えなさい。(36点)

【問1】以下の項目について，貸借対照表に掲記される金額を答えなさい。

　　　　(1) 未払費用　(2) 社債　(3) 退職給付引当金　(4) 繰越利益剰余金　(5) その他有価証券評価差額金

【問2】貸借対照表の資産の部を完成しなさい。

【問3】損益計算書を完成しなさい。

〔資料1〕決算整理前残高試算表

残 高 試 算 表

令和4年3月31日　　　　　　　　　　　　（単位：千円）

借　方　科　目	金　額	貸　方　科　目	金　額
現　　　　　金	1,170	支　払　手　形	175,000
当　座　預　金	225,000	買　　掛　　金	230,400
受　取　手　形	125,000	所　得　税　預　り　金	5,350
電　子　記　録　債　権	60,000	仮　　受　　金	213,400
売　　掛　　金	204,200	未　　払　　金	210,800
有　価　証　券	134,300	社　　　　　債	491,500
繰　越　商　品	123,600	退　職　給　付　引　当　金	386,000
未　着　品	5,760	貸　倒　引　当　金	4,500
仮　払　金	116,440	建物減価償却累計額	462,500
建　　　　　物	980,000	備品減価償却累計額	495,000
備　　　　　品	1,240,000	資　　本　　金	60,000
開　　発　　費	24,000	資　本　準　備　金	50,000
仕　　　　　入	868,140	利　益　準　備　金	15,000
給　　　　　料	270,000	繰　越　利　益　剰　余　金	80,000
水　道　光　熱　費	10,570	売　　　　　上	1,540,000
支　払　地　代	30,000	受　取　配　当　金	120
支　払　保　険　料	8,640	固　定　資　産　売　却　益	11,000
社　債　利　息	3,750		
	4,430,570		4,430,570

〔資料2〕検討事項

1．決算にあたり，金庫の中を現金実査したところ，売掛金回収で受取った得意先振出小切手200千円と山中株式会社の配当金額収証130千円が発見された。これらはともに未処理であるため適切に処理すること。

2．仮払金勘定の内訳は，次のとおりである。

(1) 法人税等の中間納付額　　　　　　　　　　　　　　　　　　　　　　　　18,000千円
(2) 消費税の仮払額　　　　　　　　　　　　　　　　　　　　　　　　　　　89,600千円
(3) 退職者に対する退職一時金の支払額　　　　　　　　　　　　　　　　　　2,800千円
(4) 未処理であった繰越利益剰余金を原資とした配当金の支払額　　　　　　　6,000千円
(5) 〔資料2〕4．に係る引取費用の支払額　　　　　　　　　　　　　　　　　40千円

3．仮受金勘定の内訳は，次のとおりである。

(1) 〔資料2〕5．に係る当座預金口座への入金額　　　　　　　　　　　　59,400千円
(2) 消費税の仮受額　　　　　　　　　　　　　　　　　　　　　　　　　154,000千円

4．貨物代表証券を受領していた商品B（単価720千円，8個）が納品され決算日までに検収したが，未処理である。

5．譲渡記録により電子記録債権60,000千円を銀行に譲渡していたが，未処理である。

6．仕入勘定の残高は，仕入割戻394千円及び仕入割引60千円を控除した後の金額である。

7．当社は，消費税の処理方法として税抜方式によっている。本日，消費税の整理を行う。

〔資料3〕決算整理事項

1．売上債権の期末残高に対して，2.0%の貸倒引当金を見積もる（差額補充法によること）。

2．有価証券勘定の内訳は，次のとおりである。

銘　柄	保有株数	取得原価	期末時価	保有目的
山中会社株式	1,000株	45千円／株	48千円／株	短期的な売買を繰り返し，売買益を得る
本栖会社株式	900株	37千円／株	39千円／株	議決権の過半数を持ち，支配している
河口銀行株式	800株	70千円／株	75千円／株	相互に持ち合い，長期で保有する（注）

(注) 全部純資産直入法を適用する。法定実効税率を33%とした税効果会計を適用する。

3．期末商品棚卸高は，次のとおりである。ただし，〔資料2〕4．の商品Bは含まれていない。

なお，棚卸減耗費と商品評価損は売上原価の内訳項目として表示する。

	期末数量		取得原価	正味売却価額
	帳簿棚卸数量	実地棚卸数量		
商品A	880個	800個	130千円／個	120千円／個
商品B	12個	12個	720千円／個	750千円／個

4．有形固定資産の減価償却を行う（残存価額はゼロとし，過年度の償却計算は正しく行われている）。

建　　物　　定額法　　　　償却率0.040　　耐用年数25年
備　　品　　200%定率法　　償却率0.250　　耐用年数8年

5．開発費は，市場の開拓を目的として令和2年4月1日に支出したものである。令和2年度より5年均等償却を実施しており，償却費は販売費及び一般管理費の区分に計上する。なお，過年度の償却計算は正しく行われている。

6．令和3年10月1日に保険契約を締結し，向こう3年分の保険料として8,640千円を当座預金口座より支払った。決算にあたり前払いした保険料を適切に繰り延べる。

7．退職給付は内部積立方式によっているが，退職給付引当金の当期繰入額は3,010千円である。

8．社債は令和2年7月1日に額面総額500,000千円を発行したものである。発行条件は額面金額100円につき発行価額98円，償還期限5年，利率年1%，利払日は12月末日と6月末日の年2回である。決算にあたり必要な処理を行う。なお，額面金額と発行価額との差額は，償却原価法（定額法）を月割り計算により適用している。

9．当期の法人税等は，税引前当期純利益の33%とする。

※氏名は記入しないこと。

会場コード

受験番号

【禁無断転載】

得　点
点

制限時間
【1時間30分】

第208回簿記能力検定試験
1級　商業簿記・会計学　解答用紙

第1問採点

第1問 （20点）

ア	イ	ウ	エ	オ	カ	キ	ク	ケ	コ

第2問採点

第2問 （24点）

	借　方　科　目	金　　額	貸　方　科　目	金　　額
1				
2				
3				
4				
5				
6				

第3問採点

第3問（12点）

(1)	流動比率	%
(2)	当座比率	%
(3)	ROA（総資産経常利益率）	%
(4)	ROE（自己資本当期純利益率）	%

第4問採点

第4問（8点）

合 併 貸 借 対 照 表
令和4年10月1日　　　　　　　　　　（単位：千円）

諸　資　産	（　　　　　）	諸　負　債	（　　　　　）
（　　　　　）	（　　　　　）	資　本　金	（　　　　　）
		資　本　準　備　金	（　　　　　）
		繰　越　利　益　剰　余　金	（　　　　　）
	（　　　　　）		（　　　　　）

第5問採点

第5問（36点）

【問1】

(1) 未 払 費 用　　　　　　　　　　　　　　　　　千円

(2) 社　　　　　債　　　　　　　　　　　　　　　千円

(3) 退職給付引当金　　　　　　　　　　　　　　　千円

(4) 繰越利益剰余金　　　　　　　　　　　　　　　千円

(5) その他有価証券評価差額金　　　　　　　　　　千円

【問2】

貸　借　対　照　表

十和田商事㈱　　　　　　令和4年3月31日　　　　　（単位：千円）

資　産　の　部	金　額		
流　動　資　産			
現　金　預　金		（　　　　　）	
受　取　手　形		125,000	
売　　掛　　金	（　　　　　）		
貸　倒　引　当　金	△（　　　　　）	（　　　　　）	
有　価　証　券		（　　　　　）	
（　　　　　　　　　　）		（　　　　　）	
前　払　費　用		（　　　　　）	
流　動　資　産　合　計		（　　　　　）	
固　定　資　産			
有　形　固　定　資　産			
建　　　　　物		980,000	
減　価　償　却　累　計　額	△（　　　　　）	（　　　　　）	
備　　　　　品		1,240,000	
減　価　償　却　累　計　額	△（　　　　　）	（　　　　　）	
有　形　固　定　資　産　合　計		（　　　　　）	
投　資　そ　の　他　の　資　産			
投　資　有　価　証　券		（　　　　　）	
子　会　社　株　式		（　　　　　）	
長　期　前　払　費　用		（　　　　　）	
投資その他の資産合計		（　　　　　）	
固　定　資　産　合　計		（　　　　　）	
（　　　　　）資　産			
（　　　　　　　　　　）		（　　　　　）	
（　　　　　）資産合計		（　　　　　）	
資　　産　　合　　計		（　　　　　）	

【問3】

損　益　計　算　書

十和田商事㈱　　自令和3年4月1日　至令和4年3月31日　　（単位：千円）

売　上　高		1,540,000
売　上　原　価		
期首商品棚卸高	123,600	
当期商品仕入高	（　　　　）	
合　　計	（　　　　）	
期末商品棚卸高	（　　　　）	
差　引	（　　　　）	
棚卸減耗費	（　　　　）	
商品評価損	（　　　　）（　　　　）	
（　　　）利益	（　　　　）	
販売費及び一般管理費		
給　　料	270,000	
貸倒引当金繰入	（　　　　）	
（　　　　）	（　　　　）	
水道光熱費	10,570	
支払地代	30,000	
減価償却費	（　　　　）	
支払保険料	（　　　　）	
（　　　）償却	（　　　　）（　　　　）	
（　　　）利益	（　　　　）	
営業外収益		
仕入割引	（　　　　）	
有価証券評価益	（　　　　）	
（　　　　）	（　　　　）（　　　　）	
営業外費用		
（　　　　）	（　　　　）	
社債利息	（　　　　）（　　　　）	
経常利益	（　　　　）	
特別利益		
固定資産売却益	11,000	11,000
税引前当期純利益	（　　　　）	
法人税等	（　　　　）	
当期純利益	（　　　　）	

解答は，すべて解答用紙に記入して必ず提出してください。

第209回簿記能力検定試験
問題用紙

1級　商業簿記・会計学

（令和5年2月19日施行）

問題用紙（計算用紙含）は回収します。持ち帰り厳禁です。

注　意

- ・試験開始の合図があるまで，問題用紙は開かないでください。
- ・この試験の制限時間は1時間30分です。
- ・解答は，問題の指示にしたがい，すべて解答用紙の指定の位置に記入してください。
- ・解答用紙の会場コードは，試験担当者が指示した6桁の数字を頭の0（ゼロ）を含めてすべて書いてください。
  受験番号は右寄せで書いてください。左の空白欄への0（ゼロ）記入は不要です。
  受験番号1番の場合，右寄せで1とだけ書いてください。
  受験番号90001番の場合，右寄せで90001とだけ書いてください。
  受験番号を記入していない場合や，氏名を記入した場合には，採点の対象とならない場合があります。
- ・印刷の汚れや乱丁，筆記用具の不具合などで必要のある場合は，手をあげて試験担当者に合図をしてください。
- ・下敷きは，机の不良などで特に許されたもの以外は使用してはいけません。
- ・計算用具(そろばん・計算機能のみの電卓など)を使用してもかまいません。
- ・解答用紙は，持ち帰りできませんので白紙の場合でも必ず提出してください。
  解答用紙を持ち帰った場合は失格となり，以後の受験をお断りする場合があります。
- ・**簿記上本来赤で記入する箇所も黒で記入すること。**
- ・**解答は，必ず解答用紙に記入してください。**
- ・**金額には3位ごとのカンマ「，」を記入すること。**
  ただし，位取りのけい線のある解答用紙にはカンマを記入しないこと。
  また，カンマ「，」（数字の下側に左向き）と小数点「．」は明確に区別できるようにすること。

主　催　　公益社団法人　全国経理教育協会

後　援　　文　部　科　学　省
　　　　　日　本　簿　記　学　会

第209回簿記能力検定試験問題
1級 商業簿記・会計学

解答は解答用紙に

第1問 次の企業会計原則及び同注解に準拠した文章の（ ア ）から（ コ ）にあてはまる語を下の語群から選び，その番号を書きなさい。なお，同一の記号には，同一の語が入る。(20点)

1．貸借対照表は，企業の（ ア ）を明らかにするため，貸借対照表日におけるすべての資産，（ イ ）及び資本を記載し，株主，債権者その他の利害関係者にこれを正しく表示するものでなければならない。

2．企業の財政に（ ウ ）な影響を及ぼす可能性がある場合には，これに備えて適当に（ エ ）な会計処理を行わなければならない。ただし，過度に（ オ ）な会計処理を行うことにより，企業の（ ア ）及び（ カ ）の真実な報告をゆがめてはならない。

3．将来の特定の費用又は（ キ ）であって，その（ ク ）が当期以前の事象に起因し，（ ク ）の可能性が高く，かつ，その金額を合理的に見積ることができる場合には，当期の負担に属する金額を当期の費用又は（ キ ）として（ ケ ）に繰り入れ，当該（ ケ ）の残高を貸借対照表の（ イ ）の部又は資産の部に記載するものとする。ただし，（ ク ）の可能性の低い（ コ ）事象に係る費用又は（ キ ）については，（ ケ ）を計上することはできない。

1	経 過 的	2	保 守 的	3	不 利	4	有 利	5	実 現
6	発 生	7	偶 発	8	後 発	9	財 政 状 態	10	経 営 成 績
11	健 全	12	明 瞭	13	損 失	14	支 払	15	積 立 金
16	純 資 産	17	負 債	18	収 益	19	取 引	20	引 当 金

第2問 次の取引を仕訳しなさい。仕訳が不要の場合には，借方科目欄に「仕訳なし」と記入すること。ただし，勘定科目は，以下より最も適当なものを選ぶこと。(24点)

現　　　　　金	当 座 預 金	外貨建売掛金	前 払 金
リ ー ス 資 産	リース資産減価償却累計額	外貨建買掛金	前 受 金
未 払 配 当 金	商品保証引当金	保 証 債 務	リ ー ス 債 務
只 見 支 店	二 本 松 支 店	本　　　店	資 本 準 備 金
利 益 準 備 金	別 途 積 立 金	繰越利益剰余金	売　　　　　上
為 替 差 損 益	仕　　　入	減 価 償 却 費	修 繕 費
商品保証引当金繰入	支 払 リ ー ス 料	支 払 利 息	保 証 債 務 費 用

1．当社は複数の支店を開設しており，支店間の取引については支店分散計算制度による記帳方法を採用している。本日，只見支店から二本松支店へ商品（原価¥740,000）を発送し，無事に到着した。このときの本店の仕訳を示しなさい。

2．当社は得意先である米国E社より，令和4年8月に手付金として$1,400を受け取っている。同日の為替相場は，$1あたり¥133であった。本日（令和4年9月），商品$14,000を輸出し，手付金を除いた残額を掛けとした。本日の為替相場は，$1あたり¥143である。

3．当社（決算日9月30日）は，令和3年10月1日に備品のリース契約を締結し，リース物件の引き渡しを受けた。年間の支払リース料は¥420,000（毎年9月末日に当座預金口座より支払う），期間5年の条件である。見積現金購入価額は¥2,000,000であり，所有権移転外ファイナンス・リース取引として処理する。いわゆる「利子抜き法」を採用するほか，利息相当額は定額法により配分すること。
   (1) 令和3年10月1日の仕訳を示しなさい。
   (2) 令和4年9月30日の仕訳を示しなさい。減価償却方法は定額法，記帳方法は間接法によること。

4．当社は株主総会において，次のように繰越利益剰余金の配当・処分を行う旨を決議した。株主へ配当金¥500,000を支払い，別途積立金として¥250,000を積み立てる。また，会社法で定められた額の利益準備金を積み立てる。純資産の部については，資本金¥1,400,000，資本準備金¥200,000，利益準備金¥120,000，繰越利益剰余金¥2,650,000を前提とすること。

5．前期に販売した商品Xは品質保証付きで販売したものであり，保証費用として¥600,000を引当金に繰り入れている。本日，この商品について修理の申し出がなされ，修理費用¥500,000を現金で支払った。

第3問　柳津株式会社における決算整理後の勘定残高は，以下のとおりであった（この他に勘定残高はない）。大陸式決算法を採用している場合に必要な決算振替仕訳を示しなさい。（10点）

（単位：千円）

当 座 預 金	379,000	売 掛 金	185,000	商 品	93,000	買 掛 金	198,000
資 本 金	200,000	繰越利益剰余金	125,000	売 上	677,000	売 上 原 価	543,000

第4問　須賀川株式会社（決算日12月31日）は，令和2年10月に受注した甲商業施設の建設工事について，令和4年7月に完成し顧客へ引き渡した。次の資料にもとづき，各年度の損益計算書に計上される工事収益，工事原価及び工事利益の額を求めなさい。金額がマイナスのときは，金額の前に△を付すこと。（12点）

（単位：千円）

	令和2年度	令和3年度	令和4年度
工事契約で定められた受取対価の総額	12,000,000	12,000,000	12,000,000
過年度に発生した工事原価の累計額	—	2,500,000	7,200,000
各年度に発生した工事原価	2,500,000	4,700,000	2,650,000
決算日までに見直した工事原価総額	8,000,000	9,000,000	—

〔計算に際して考慮すべき事項〕
　1．工事を受注した時点では工事原価総額を7,500,000千円と見積っていたが，資材の高騰や人件費の上昇を理由として適時，工事原価総額の見積額を見直している。受取対価の額は当初のままであった。
　2．工事の進行途上において，その進捗部分について成果の確実性が認められると判断していた。決算日における工事進捗度を見積もる方法として，いわゆる「原価比例法」を採用している。

第5問　金山株式会社の第34期（令和4年1月1日～令和4年12月31日）末の〔資料1〕決算整理前残高試算表，〔資料2〕検討事項及び〔資料3〕決算整理事項にもとづき，次の問に答えなさい。（34点）
【問1】貸借対照表の負債の部及び純資産の部を完成しなさい。
【問2】損益計算書を完成しなさい。

〔資料1〕決算整理前残高試算表

残　高　試　算　表
令和4年12月31日　　　（単位：千円）

借　方　科　目	金　　額	貸　方　科　目	金　　額
現　　　　　　　金	26,150	支　払　手　形	128,440
当　座　預　金	1,105,910	買　　掛　　金	97,030
受　取　手　形	244,570	未　　払　　金	5,660
売　　掛　　金	251,390	預　　り　　金	29,120
有　価　証　券	148,600	仮　　受　　金	266,860
繰　越　商　品	101,530	社　　　　　債	593,400
仮　　払　　金	150,680	退 職 給 付 引 当 金	374,290
建　　　　　物	1,388,000	貸　倒　引　当　金	4,240
備　　　　　品	245,600	建物減価償却累計額	617,660
仕　　　　　入	748,120	備品減価償却累計額	55,050
給　　　　　料	735,790	資　　本　　金	150,000
水　道　光　熱　費	169,200	資　本　準　備　金	100,000
修　　繕　　費	7,840	別　途　積　立　金	176,800
社　債　利　息	900	繰　越　利　益　剰　余　金	810,030
手　形　売　却　損	1,400	売　　　　　上	1,957,100
火　災　未　決　算	40,320	有　価　証　券　利　息	30
		有 価 証 券 運 用 損 益	290
	5,366,000		5,366,000

〔資料２〕検討事項

1．決算整理に先立ち，当座預金勘定残高と取引銀行の残高証明書との不一致が判明した。不一致の原因を調べたところ，次の事実が判明した。

(1) 得意先より売掛金960千円を決済するための当座振込み通知が当社に未達であった。

(2) 仕入先への買掛金1,200千円を決済するために振り出した小切手が，取付け未済であった。

(3) 当期の修繕費720千円を支払うために振り出した小切手が，手渡されず金庫に保管されたままであった。

2．仮払金勘定の内訳は，次のとおりである。

(1) 法人税等の中間納付額	25,400千円
(2) 消費税の仮払額	113,180千円
(3) 退職者に対する退職一時金の支払額	12,100千円

3．仮受金勘定の内訳は，次のとおりである。

(1) 消費税の仮受額	195,710千円
(2) 〔資料２〕４．に係る当座預金口座への入金額	41,300千円
(3) 〔資料２〕５．に係る当座預金口座への入金額	29,850千円

4．当期首に，火災により保険付き倉庫（取得原価84,000千円，減価償却累計額43,680千円）を焼失したので，火災未決算勘定を用いて処理していた。その後，保険会社より保険金41,300千円が当座預金口座へ振り込まれている。この入金について，仮受金勘定で処理していた。

5．払込期日を令和４年12月31日とする公募増資を行い，新株6,000株を１株につき５千円で発行した。ただし，株式交付費150千円が差し引かれた後の29,850千円を仮受金勘定で処理していることが判明した。払込金額のうち会社法で定められた最低額を資本金とする。株式交付費は，原則的な方法を用いて処理すること。

6．源泉徴収した所得税6,800千円を令和４年12月に当座預金口座から納付した際に，誤って給料勘定へ借方記入していたことが判明した。

7．仕入勘定の残高は，仕入割戻890千円及び仕入割引280千円を控除した後の金額である。

8．当社は，消費税を税抜方式により処理している。本日，課税期間の末日であるため，消費税の整理を行う。

〔資料３〕決算整理事項

1．売上債権の期末残高に対して，1.2％の貸倒引当金を見積もる（差額補充法によること）。

2．有価証券勘定の内訳は，次のとおりである。

銘　柄	保有株(口)数	取得原価	期末時価	保有目的
葛尾会社株式	800株	56千円／株	59千円／株	短期的な価格変動による値上がり益の獲得
磐梯会社債券	600口	48千円／口	47千円／口	短期的な価格変動による値上がり益の獲得
伊達銀行株式	1,250株	60千円／株	62千円／株	資金調達を円滑に行う（注）

(注) 全部純資産直入法を適用する。法定実効率を28％とした税効果会計を適用する。

3．期末商品棚卸高は，次のとおりである。

なお，商品評価損は売上原価の内訳項目とし，棚卸減耗費は特別損失の区分に計上する。

種　類	期末数量		取得原価	正味売却価額
	帳簿棚卸数量	実地棚卸数量		
商品　α	275個	270個	240千円／個	210千円／個
商品　β	130個	128個	540千円／個	780千円／個

4．有形固定資産の減価償却を行う（残存価額はゼロとし，過年度の償却計算は正しく行われている）。

建　物	定額法	償却率0.020
備　品	200％定率法	償却率0.200

5．決算にあたり，水道光熱費9,200千円を見越し計上する。

6．退職給付は内部積立方式によっているが，退職給付引当金の当期繰入額は8,420千円である。

7．社債のうち額面金額200,000千円は令和元年10月１日に，額面金額400,000千円は令和３年４月１日に発行している。いずれも，額面金額100円につき98.4円で発行し，償還期限４年，利率年0.2％，利払日は３月末及び９月末（年２回）という条件である。額面金額と発行価額との差額は，償却原価法（定額法）を月割り計算により適用している。

8．当期の法人税等68,000千円を計上する。

※氏名は記入しないこと。

会場コード

受験番号

【禁無断転載】

得　点

点

第209回簿記能力検定試験

1級　商業簿記・会計学　解答用紙

制限時間
【1時間30分】

第1問採点

第1問 (20点)

ア	イ	ウ	エ	オ	カ	キ	ク	ケ	コ

第2問採点

第2問 (24点)

	借　方　科　目	金　　額	貸　方　科　目	金　　額
1				
2				
3 (1)				
3 (2)				
4				
5				

第3問採点

第3問 （10点）

（単位：千円）

借 方 科 目	金 額	貸 方 科 目	金 額
	677,000		677,000
	543,000		543,000
	134,000		134,000

第4問採点

第4問 （12点）

（単位：千円）

	令和2年度	令和3年度	令和4年度
工 事 収 益			
工 事 原 価			
工 事 利 益			

第5問（34点）

【問1】

（単位：千円）

負　債　の　部	金　額
流　動　負　債	
支　払　手　形	128,440
買　　掛　　金	（　　　　　　）
未　　払　　金	（　　　　　　）
未　払　費　用	（　　　　　　）
未　払　法　人　税　等	（　　　　　　）
未　払　消　費　税	（　　　　　　）
預　　り　　金	（　　　　　　）
1　年　以　内　償　還　社　債	（　　　　　　）
流　動　負　債　合　計	（　　　　　　）
固　定　負　債	
社　　　　　　債	（　　　　　　）
（　　　　　　　　　　　　　）	（　　　　　　）
退　職　給　付　引　当　金	（　　　　　　）
固　定　負　債　合　計	（　　　　　　）
負　　債　　合　　計	（　　　　　　）
純　資　産　の　部	
株　主　資　本	
資　　本　　金	（　　　　　　）
資　本　剰　余　金	
資　本　準　備　金	（　　　　　　）
利　益　剰　余　金	
別　途　積　立　金	176,800
繰　越　利　益　剰　余　金	（　　　　　　）
利　益　剰　余　金　合　計	（　　　　　　）
株　主　資　本　合　計	（　　　　　　）
評　価・換　算　差　額　等	
その他有価証券評価差額金	（　　　　　　）
評　価・換　算　差　額　等　合　計	（　　　　　　）
純　資　産　合　計	（　　　　　　）
負　債・純　資　産　合　計	（　　　　　　）

【問2】

損　益　計　算　書

金山株式会社　　自令和4年1月1日　至令和4年12月31日　　（単位：千円）

売　上　高		1,957,100
売　上　原　価		
期首商品棚卸高	101,530	
当期商品仕入高	（　　　　　）	
合　　計	（　　　　　）	
期末商品棚卸高	（　　　　　）	
差　　引	（　　　　　）	
商品評価損	（　　　　　）	（　　　　　）
（　　　　　）利益		（　　　　　）
販売費及び一般管理費		
給　　　料	（　　　　　）	
（　　　　　）	（　　　　　）	
貸倒引当金繰入	（　　　　　）	
減価償却費	（　　　　　）	
水道光熱費	（　　　　　）	
修　繕　費	（　　　　　）	（　　　　　）
営　業　利　益		（　　　　　）
営　業　外　収　益		
有価証券利息	30	
有価証券運用益	（　　　　　）	
（　　　　　）	（　　　　　）	（　　　　　）
営　業　外　費　用		
社　債　利　息	（　　　　　）	
（　　　　　）	（　　　　　）	
手形売却損	1,400	（　　　　　）
経　常　利　益		（　　　　　）
特　別　利　益		
（　　　　　）	（　　　　　）	（　　　　　）
特　別　損　失		
棚卸減耗費	（　　　　　）	（　　　　　）
税引前当期純利益		（　　　　　）
法　人　税　等		68,000
当　期　純　利　益		（　　　　　）

受験番号

解答は，すべて解答用紙に記入して必ず提出してください。

第210回簿記能力検定試験
問題用紙

1級　商業簿記・会計学

（令和5年5月28日施行）

問題用紙（計算用紙含）は回収します。持ち帰り厳禁です。

注　意

- 試験開始の合図があるまで，問題用紙は開かないでください。
- この試験の制限時間は1時間30分です。
- 解答は，問題の指示にしたがい，すべて解答用紙の指定の位置に記入してください。
- 解答用紙の会場コードは，試験担当者が指示した6桁の数字を頭の0（ゼロ）を含めてすべて書いてください。
  受験番号は右寄せで書いてください。左の空白欄への0（ゼロ）記入は不要です。
  受験番号1番の場合，右寄せで1とだけ書いてください。
  受験番号90001番の場合，右寄せで90001とだけ書いてください。
  受験番号を記入していない場合や，氏名を記入した場合には，採点の対象とならない場合があります。
- 印刷の汚れや乱丁，筆記用具の不具合などで必要のある場合は，手をあげて試験担当者に合図をしてください。
- 下敷きは，机の不良などで特に許されたもの以外は使用してはいけません。
- 計算用具(そろばん・計算機能のみの電卓など)を使用してもかまいません。
- 解答用紙は，持ち帰りできませんので白紙の場合でも必ず提出してください。
  解答用紙を持ち帰った場合は失格となり，以後の受験をお断りする場合があります。
- **簿記上本来赤で記入する箇所も黒で記入すること。**
- **解答は，必ず解答用紙に記入してください。**
- **金額には3位ごとのカンマ「，」を記入すること。**
  ただし，位取りのけい線のある解答用紙にはカンマを記入しないこと。
  また，カンマ「，」（数字の下側に左向き）と小数点「．」は明確に区別できるようにすること。

主　催　公益社団法人　全国経理教育協会
後　援　文　部　科　学　省
　　　　日　本　簿　記　学　会

第210回簿記能力検定試験問題
1級　商業簿記・会計学

解答は解答用紙に

第1問　次の企業会計原則及び同注解に準拠した文章の（ ア ）から（ コ ）にあてはまる語を下の語群から選び，その番号を書きなさい。なお，同一の記号には，同一の語が入る。(20点)

1．企業会計は，（ ア ）によって，（ イ ）に対し必要な会計事実を（ ウ ）に表示し，企業の状況に関する（ エ ）を誤らせないようにしなければならない。
2．（ ア ）には，重要な会計方針を（ オ ）しなければならない。会計方針とは，企業が（ カ ）及び貸借対照表の作成に当たって，その（ キ ）及び経営成績を正しく示すために採用した会計処理の原則及び手続並びに（ ク ）をいう。
3．（ ア ）には，（ カ ）及び貸借対照表を作成する日までに発生した重要な（ ケ ）を（ オ ）しなければならない。（ ケ ）とは，貸借対照表日後に発生した事象で，次期以後の（ キ ）及び経営成績に（ コ ）を及ぼすものをいう。

1	表 示 の 方 法	2	計 算 の 方 法	3	財 務 諸 表	4	後 発 事 象	5	判 断
6	報 告	7	財 務 内 容	8	債 権 者	9	偶 発 事 象	10	財 政 状 態
11	変 更	12	利 害 関 係 者	13	迅 速	14	影 響	15	会 計 帳 簿
16	注 記	17	決 定	18	明 瞭	19	附 属 明 細 表	20	損 益 計 算 書

第2問　次の取引を仕訳しなさい。ただし，勘定科目は，以下より最も適当なものを選ぶこと。(24点)

現　　　　金	当 座 預 金	普 通 預 金	受 取 手 形
売 掛 金	商　　　　品	前 払 金	建　　　　物
建物減価償却累計額	飛 驒 支 店	越 後 支 店	不 渡 手 形
満期保有目的債券	支 払 手 形	外貨建買掛金	前 受 金
保 証 債 務	社　　　　債	資 本 金	資本金減少差益
繰越利益剰余金	保証債務取崩益	保 険 差 益	本　　　　店
減 価 償 却 費	支 払 保 険 料	支 払 手 数 料	有価証券利息
為 替 差 損 益	社 債 利 息	火 災 損 失	火 災 未 決 算

1．かねて木曽商会へ裏書していた讃岐商店振り出しの約束手形￥2,450,000が不渡りとなり，木曽商会から償還請求されたため，諸費用￥31,000とあわせて当座預金口座から支払った。同時に，讃岐商店に対して全額の償還請求を行った。なお，保証債務の時価を，手形額面金額の0.9%として処理していた。
2．当社は，当期10月1日に額面総額￥50,000,000，発行価額￥100につき￥98.2，償還期限5年，年利率1.2%（利払日は3月末と9月末の年2回）の条件で発行した社債について，本日（3月31日）利払日及び決算日にあたり必要な処理を行う。なお，利息はすべて普通預金から支払われている。額面金額と発行価額の差額は，償却原価法（定額法）によって処理する。
3．当社は，株主総会の特別決議により，欠損￥16,750,000をてん補するために，資本金￥20,000,000を減少することとした。
4．当期首に火災が発生し，倉庫（取得原価￥42,700,000，減価償却累計額￥3,416,000，間接法で記帳）及び商品￥890,000が焼失した。なお，この倉庫及び商品には火災保険がかけられており，直ちに保険金の請求を行った。
5．当社は，東京に「本店」を置き，新潟に「越後支店」と岐阜に「飛驒支店」を設けている。会計処理は支店独立会計制度の下で，支店相互間の取引については本店集中計算制度を採用している。商品を支店間で発送する際には，原価をもって記帳している。越後支店は原価￥718,000の商品を飛驒支店に発送し，本店はその連絡を受けた。本店が行う仕訳を解答しなさい。
6．かねて米国のロッキー社より商品$50,000を仕入れ，代金のうち$16,000を支払い，残額を掛けとしていたが，本日，掛代金を普通預金口座から支払った。商品仕入日，掛代金支払日の為替レートは，それぞれ$1あたり￥131，￥128である。

第3問　日高物産株式会社の第15期（令和4年4月1日～令和5年3月31日）に関する〔資料〕にもとづき，以下の株主資本等変動計算書（一部）を完成し，①～⑥の金額を答えなさい。(12点)

〔資料〕
1．令和4年6月26日開催の定時株主総会において決議された事項
　(1) 繰越利益剰余金を原資として，配当金3,000千円を支払う。
　(2) 新築積立金として，1,700千円を積み立てる。
2．令和4年10月1日に増資を行い，新株式10,000株を1株あたり2千円で発行し，払込金額は当座預金とした。また，株式交付費として600千円を当座預金口座から支払っている。なお，会社法に定められた最低額を資本金とする。
3．第15期に計上した当期純利益　6,800千円

株主資本等変動計算書
自令和4年4月1日　至令和5年3月31日　　　　（単位：千円）

	株 主 資 本						株主資本合計
	資本金	資本剰余金		利益剰余金			
		資本準備金	その他資本剰余金	利益準備金	その他利益剰余金		
					新築積立金	繰越利益剰余金	
当 期 首 残 高	40,000	15,000	1,000	1,200	10,300	9,700	77,200
当 期 変 動 額							
新 株 の 発 行							
剰余金の配当							
新築積立金の積立							
当 期 純 利 益							
当期変動額合計							
当 期 末 残 高	（　①　）	（　②　）	（　③　）	（　④　）	（　⑤　）	（　⑥　）	

第4問　赤石商事株式会社は，本店のほかに支店を置き，支店の会計を本店の会計から独立させている。同社の令和5年3月期の本店・支店それぞれの貸借対照表は次のとおりである。ただし，本店から支店へ送金した640千円の現金は支店に未達であった。よって，赤石商事株式会社の未達整理後の本支店合併貸借対照表を完成しなさい。（10点）

貸 借 対 照 表
令和5年3月31日　　　　（単位：千円）

資　　産	本　店	支　店	負債・純資産	本　店	支　店
諸　　資　　産	509,400	251,060	諸　　負　　債	217,300	115,500
支　　　　　店	136,200	—	本　　　　　店	—	135,560
			資　　本　　金	184,000	—
			資 本 剰 余 金	111,100	—
			利 益 剰 余 金	133,200	—
資　産　合　計	645,600	251,060	負債・純資産合計	645,600	251,060

第5問　奥羽物産株式会社の第22期（令和4年4月1日～令和5年3月31日）末の〔資料1〕決算整理前残高試算表，〔資料2〕検討事項及び〔資料3〕決算整理事項によって，次の問に答えなさい。（34点）
【問1】以下の項目について，貸借対照表に掲記される金額を答えなさい。
　　（1）現金預金　　（2）有価証券　　（3）商品　　（4）のれん
【問2】貸借対照表の負債の部と純資産の部を完成しなさい。
【問3】損益計算書を完成しなさい。

〔資料1〕決算整理前残高試算表
残 高 試 算 表
令和5年3月31日　　　　（単位：千円）

借　方　科　目	金　　額	貸　方　科　目	金　　額
現　　　　　　金	5,287	支　払　手　形	50,000
当　座　預　金	160,160	買　　掛　　金	123,400
受　取　手　形	104,000	仮　　受　　金	119,340
売　　掛　　金	96,000	長　期　借　入　金	80,000
有　価　証　券	64,160	退 職 給 付 引 当 金	37,200
繰　越　商　品	47,600	貸　倒　引　当　金	860
仮　　払　　金	118,400	建物減価償却累計額	132,000
建　　　　　物	420,000	備品減価償却累計額	47,000
備　　　　　品	188,000	資　　本　　金	200,000
土　　　　　地	40,000	資　本　準　備　金	56,000
の　　れ　　ん	6,440	利　益　準　備　金	20,000
仕　　　　　入	683,800	繰 越 利 益 剰 余 金	46,750
給　料　手　当	141,000	売　　　　　上	1,196,000
旅　費　交　通　費	10,180	受　取　配　当　金	410
水　道　光　熱　費	5,420		
保　　険　　料	16,800		
雑　　　　　費	1,713		
	2,108,960		2,108,960

〔資料2〕検討事項

1．決算のため，取引銀行から取り寄せた令和5年3月31日付の当座預金口座の残高証明書によれば，銀行口座残高は160,440千円であり，当座預金勘定残高と一致しない。不一致の原因を調べたところ，次の事実が判明した。
　(1) 得意先より売掛金1,000千円の当座振込みがあったが，当社に連絡未達であった。
　(2) 決算日に取引銀行の当座預金口座へ現金1,380千円を預け入れたが，営業時間外であったため翌週月曜日の預入処理とされていた。
　(3) 仕入先へ買掛金660千円の支払いとして振り出した小切手が渡されず，当社の金庫に保管されていた。

2．仮払金の内訳は，次のとおりである。
　(1) 消費税の仮払額　　　　　　　　　　　　65,300千円
　(2) 法人税等の中間納付額　　　　　　　　　42,600千円
　(3) 退職者に対する退職一時金の支払額　　　 1,600千円
　(4) 仕入先への買掛金の支払額　　　　　　　 8,900千円

3．仮受金の内訳は，次のとおりである。
　(1) 消費税の仮受額　　　　　　　　　　　 115,540千円
　(2) 令和5年3月31日を払込期日とする新株1,500株の発行に伴う払込金額3,300千円（1株につき2.2千円）なお，当該払込金額のうち2分の1を資本金に組み入れることとする。
　(3) 得意先からの売掛金の回収額　　　　　　　 500千円

4．当社は，消費税の処理方法として税抜方式によっている。本日，消費税の整理を行う。

〔資料3〕決算整理事項

1．受取手形と売掛金の期末残高に対して，過去の実績率1.2%の貸し倒れを差額補充法により見積もる。
2．当期末に保有する有価証券は，次のとおりである。

銘　柄	保有株(口)数	取得原価	期末時価	保有目的
鈴鹿会社株式	7,300株	6.2千円／株	5.8千円／株	売買目的
和泉会社株式	1,000株	4.2千円／株	4.5千円／株	売買目的
石鎚会社債券	150千口	98円／口	98.4円／口	満期保有目的（注）

　　(注) 令和4年4月1日に額面100円につき98円で取得したもので，券面利率年0%，償還期限は令和8年3月31日である。取得原価と額面金額との差額は金利の調整と認められるため，償却原価法（定額法）を適用する。

3．期末商品棚卸高は，次のとおりである。なお，棚卸減耗費及び商品評価損の表示は，売上原価の内訳項目とする。

　　　帳簿棚卸数量　　　 2,800個　　　取得原価　 20千円／個
　　　実地棚卸数量　　　 2,720個
　　　　うち正常品　　　 2,630個　　　正味売却価額　25千円／個
　　　　　　品質低下品　　　90個　　　正味売却価額　12千円／個

4．減価償却は，次のとおり行う。
　　　建　　物　　定額法　　耐用年数30年　　　残存価額はゼロ
　　　備　　品　　定率法　　耐用年数8年　　　償却率0.250

5．のれんは，令和3年4月1日に他社を買収した際に計上したものである。償却年数8年，定額法により過年度の償却は適正に行っている。

6．退職給付は内部積立方式によっているが，退職給付引当金の当期の繰入額は2,800千円である。

7．長期借入金80,000千円は，令和5年2月1日に，利率年1.8%（利息計算は月割りによる），1年経過毎に4,000千円ずつ分割して経過利息とともに返済する条件（次の支払日は令和6年1月31日）で，取引銀行から借り入れたものである。

8．保険料16,800千円は，令和4年10月1日に向こう3年分を支払ったものである。

9．当期の法人税等は，税引前当期純利益の30%とする。

※氏名は記入しないこと。

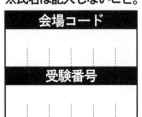

会場コード

受験番号

第210回簿記能力検定試験

1級　商業簿記・会計学 解答用紙

【禁無断転載】

得　点

点

制限時間
【1時間30分】

第1問採点

第1問（20点）

ア	イ	ウ	エ	オ	カ	キ	ク	ケ	コ

第2問採点

第2問（24点）

	借　方　科　目	金　　額	貸　方　科　目	金　　額
1				
2				
3				
4				
5				
6				

第3問（12点）

第3問採点

（単位：千円）

①	②	③	④

⑤	⑥

第4問（10点）

第4問採点

本 支 店 合 併 貸 借 対 照 表
令和5年3月31日　　　　　　　　　（単位：千円）

諸　資　産	（　　　　　）	諸　　負　　債	（　　　　　）
		資　本　金	（　　　　　）
		資　本　剰　余　金	（　　　　　）
		利　益　剰　余　金	（　　　　　）
（　　　　　）		（　　　　　）	

第5問（34点）

第5問採点

【問1】

(1) 現金預金　　　　　　　　　　　　　　　　　千円

(2) 有価証券　　　　　　　　　　　　　　　　　千円

(3) 商品　　　　　　　　　　　　　　　　　　　千円

(4) のれん　　　　　　　　　　　　　　　　　　千円

【問2】　　　　　　　　　　　　　　　　　　　　　　　（単位：千円）

負　債　の　部	金　　額
流　動　負　債	
支　払　手　形	50,000
買　　掛　　金	（　　　　　　）
未　払　費　用	（　　　　　　）
未　払　法　人　税　等	（　　　　　　）
（　　　　　　　　　）	（　　　　　　）
1年以内返済長期借入金	（　　　　　　）
流　動　負　債　合　計	（　　　　　　）
固　　定　　負　　債	
長　期　借　入　金	（　　　　　　）
退　職　給　付　引　当　金	（　　　　　　）
固　定　負　債　合　計	（　　　　　　）
負　　債　　合　　計	（　　　　　　）
純　資　産　の　部	
株　　主　　資　　本	
資　　本　　金	（　　　　　　）
資　本　剰　余　金	
資　本　準　備　金	（　　　　　　）
利　益　剰　余　金	
利　益　準　備　金	20,000
繰　越　利　益　剰　余　金	（　　　　　　）
利　益　剰　余　金　合　計	（　　　　　　）
株　主　資　本　合　計	（　　　　　　）
純　資　産　合　計	（　　　　　　）
負　債・純　資　産　合　計	（　　　　　　）

【問3】

損　益　計　算　書

奥羽物産㈱　　　　令和4年4月1日～令和5年3月31日　　　（単位：千円）

売　上　高		1,196,000
売　上　原　価		
期首商品棚卸高	47,600	
当期商品仕入高	683,800	
合　　計	731,400	
期末商品棚卸高	（　　　　）	
差　引	（　　　　）	
棚卸減耗費	（　　　　）	
商品評価損	（　　　　）	（　　　　　　）
売上総利益		（　　　　　　）
販売費及び一般管理費		
給料手当	141,000	
退職給付費用	（　　　　）	
貸倒引当金繰入	（　　　　）	
旅費交通費	10,180	
水道光熱費	5,420	
減価償却費	（　　　　）	
保険料	（　　　　）	
（　　　　　　）	（　　　　）	
雑費	1,713	（　　　　　　）
営業利益		（　　　　　　）
営業外収益		
受取配当金	410	
有価証券利息	（　　　　）	（　　　　　　）
営業外費用		
支払利息	（　　　　）	
（　　　　　　）	（　　　　）	（　　　　　　）
税引前当期純利益		（　　　　　　）
法人税等		（　　　　　　）
当期純利益		（　　　　　　）

受験番号

解答は，すべて解答用紙に記入して必ず提出してください。

第211回簿記能力検定試験
問題用紙

1級　商業簿記・会計学

（令和5年7月9日施行）

問題用紙（計算用紙含）は回収します。持ち帰り厳禁です。

注　　意

・試験開始の合図があるまで，問題用紙は開かないでください。
・この試験の制限時間は1時間30分です。
・解答は，問題の指示にしたがい，すべて解答用紙の指定の位置に記入してください。
・解答用紙の会場コードは，試験担当者が指示した6桁の数字を頭の0（ゼロ）を含めてすべて書いてください。
　受験番号は右寄せで書いてください。左の空白欄への0（ゼロ）記入は不要です。
　受験番号1番の場合，右寄せで1とだけ書いてください。
　受験番号90001番の場合，右寄せで90001とだけ書いてください。
　受験番号を記入していない場合や，氏名を記入した場合には，採点の対象とならない場合があります。
・印刷の汚れや乱丁，筆記用具の不具合などで必要のある場合は，手をあげて試験担当者に合図をしてください。
・下敷きは，机の不良などで特に許されたもの以外は使用してはいけません。
・計算用具(そろばん・計算機能のみの電卓など)を使用してもかまいません。
・解答用紙は，持ち帰りできませんので白紙の場合でも必ず提出してください。
　解答用紙を持ち帰った場合は失格となり，以後の受験をお断りする場合があります。
・**簿記上本来赤で記入する箇所も黒で記入すること。**
・**解答は，必ず解答用紙に記入してください。**
・**金額には3位ごとのカンマ「，」を記入すること。**
　ただし，位取りのけい線のある解答用紙にはカンマを記入しないこと。
　また，カンマ「，」（数字の下側に左向き）と小数点「．」は明確に区別できるようにすること。

主　催　　公益社団法人　全国経理教育協会

後　援　　文　部　科　学　省
　　　　　日　本　簿　記　学　会

第211回簿記能力検定試験問題
1級　商業簿記・会計学

解答は解答用紙に

第1問　次の企業会計原則及び同注解に準拠した文章の（ア）から（コ）にあてはまる語を下の語群から選び，その番号を書きなさい。なお，同一の記号には，同一の語が入る。（20点）

1．企業会計は，（ア）によって，利害関係者に対し必要な（イ）を（ウ）に（エ）し，企業の状況に関する判断を誤らせないようにしなければならない。企業会計は，その処理の原則及び手続を毎期（オ）して適用し，みだりにこれを（カ）してはならない。

2．（ア）には，重要な（キ）を（ク）しなければならない。（キ）とは，企業の財政状態及び経営成績を正しく示すために採用した会計処理の原則及び手続並びに（エ）の方法をいう。いったん採用した会計処理の原則又は手続は，（ケ）により（カ）を行う場合を除き，（ア）を作成する各時期を通じて（オ）して適用しなければならない。なお，（ケ）によって，会計処理の原則又は手続に重要な（カ）を加えたときは，これを当該（ア）に（ク）しなければならない。

3．企業会計は，定められた会計処理の方法に従って正確な計算を行うべきものであるが，重要性の乏しいものについては，本来の厳密な会計処理によらないで他の簡便な方法によることも，（コ）の原則に従った処理として認められる。

1	継　　　続	2	経　　　過	3	単　一　性	4	正規の簿記	5	保　守　主　義
6	影　　　響	7	控　　　除	8	計　　　上	9	会　計　事　実	10	注　　　記
11	一定の契約	12	正当な理由	13	区　　　分	14	会　計　帳　簿	15	財　務　諸　表
16	変　　　更	17	明　　　瞭	18	表　　　示	19	会　計　方　針	20	対　　　応

第2問　次の取引を仕訳しなさい。仕訳が不要の場合には，借方科目欄に「仕訳なし」と記入すること。また，勘定科目は，以下より最も適当なものを選ぶこと。（24点）

現　　　金	当　座　預　金	別　段　預　金	売買目的有価証券
前　払　利　息	建　　　物	建物減価償却累計額	機　械　装　置
満期保有目的債券	その他有価証券	子　会　社　株　式	繰　延　税　金　資　産
支　払　手　形	営業外支払手形	修　繕　引　当　金	繰　延　税　金　負　債
資　産　除　去　債　務	資　　本　　金	新株式申込証拠金	資　本　準　備　金
その他有価証券評価差額金	売　　　上	有価証券評価益	仕　　　入
修　　繕　　費	創　　立　　費	株　式　交　付　費	支　払　利　息
固定資産除却損	本　　　店	岩　沼　支　店	女　川　支　店

1．本店を仙台に置く当社は，岩沼及び女川に支店を設けている。商品を本支店間及び支店間で発送したときは，原価で記帳する。岩沼支店は商品¥720,000を発送し，その日のうちに女川支店へ到着した。
 (1)　本店集中計算制度を採用していた場合，女川支店の仕訳を示しなさい。
 (2)　支店分散計算制度を採用していた場合，仙台本店の仕訳を示しなさい。

2．機械装置（現金購入価額は¥4,800,000）を購入し，2か月ごとに支払期限の到来する額面¥1,000,000の約束手形5通を振り出して使用を開始した。利息は支払利息勘定で処理する。使用終了後の撤去が法律で義務づけられており，撤去費用の割引現在価値は¥450,000と見積もられる。

3．建物の定期的な修繕及び耐震補強工事を行い，小切手¥3,000,000を振り出して支払った。代金のうち¥1,800,000は修繕に要した部分と見積もられた。なお，修繕引当金¥1,100,000の全額を充当する。

4．当社（決算日は3月31日）は，令和4年1月に南三陸株式会社の株式1,000株を取得し，当座預金口座から¥5,760,000を支払っている。円滑な取引関係の維持を目的として取得したものであり，期末の時価は¥5,410／株である。法定実効税率を30%として，税効果を考慮した決算整理仕訳を示しなさい。

5．株主総会で決議された増資について¥1,800／株の条件で募集したところ，申込期間の末日までに1,650株について引受があった。本日，払込期日につき会社法で定められた最低額を資本金とするほか，払込金を別段預金口座から当座預金口座へ振り替えた。なお，証券会社への手数料¥85,000を現金で支払った。

第3問　取引銀行から当座預金の残高証明書を取り寄せ，当社の勘定残高との不一致の原因を調査した。次の事項が判明したので，銀行勘定調整表に記入しなさい。なお，〔　〕には時間外預入，未取立小切手，未取付小切手，未渡小切手，誤記入訂正のうち，最も適当な用語を記入すること。ただし，すべての空欄が埋まるとは限らない。（8点）

(1) 広告宣伝費¥114,000を支払うために振り出したはずの小切手が，実際には相手方に未渡しであった。
(2) 買掛金¥138,000を支払うために振り出した小切手が，未取付けの状態であった。
(3) 売掛金¥126,000について他人振出小切手を回収し，夜間金庫に預け入れた。

第4問　大衡株式会社（決算日は3月31日）は，令和4年10月1日に丸森株式会社の発行済株式総数の60%を168,000千円で取得し，支配を獲得した。同日における丸森株式会社の資産のうち土地の時価は47,000千円（帳簿価額は45,000千円）であり，それ以外の資産及び負債の時価は帳簿価額と同額であった。支配獲得日の連結精算表を完成しなさい。なお，税効果会計は考慮しない。（10点）

貸　借　対　照　表
令和4年10月1日　　　　　　　　　　　　　（単位：千円）

資　　産	大衡株式会社	丸森株式会社	負債・純資産	大衡株式会社	丸森株式会社
諸　資　産	732,000	580,000	諸　負　債	258,000	330,000
子会社株式	168,000		資　本　金	430,000	110,000
			利益剰余金	212,000	140,000
資産合計	900,000	580,000	負債・純資産合計	900,000	580,000

第5問　松島株式会社の第34期（令和4年4月1日〜令和5年3月31日）末の〔資料1〕決算整理前残高試算表，〔資料2〕検討事項及び〔資料3〕決算整理事項にもとづき，次の問に答えなさい。（38点）

【問1】以下の項目について，貸借対照表に掲記される金額を答えなさい。
　　　　(1) 商品券　　(2) 退職給付引当金　　(3) その他資本剰余金
【問2】貸借対照表の資産の部を完成しなさい。
【問3】損益計算書を完成しなさい。

〔資料1〕決算整理前残高試算表

残　高　試　算　表
令和5年3月31日　　　　　　　　　　（単位：千円）

借　方　科　目	金　　額	貸　方　科　目	金　　額
現　　　　　金	1,530	支　払　手　形	360,000
現　金　過　不　足	80	買　　掛　　金	338,060
当　座　預　金	291,820	所　得　税　預　り　金	6,800
受　取　手　形	380,400	仮　　受　　金	288,040
売　　掛　　金	315,600	商　　品　　券	289,800
有　価　証　券	100,800	借　　入　　金	400,000
繰　越　商　品	122,760	退職給付引当金	517,200
未　　着　　品	4,600	貸　倒　引　当　金	7,920
仮　　払　　金	127,340	建物減価償却累計額	1,105,500
建　　　　　物	1,320,000	備品減価償却累計額	513,000
備　　　　　品	1,728,000	資　　本　　金	60,000
開　　発　　費	72,500	資　本　準　備　金	10,000
繰越利益剰余金	62,975	資本準備金減少差益	50,000
仕　　　　　入	1,019,760	利　益　準　備　金	18,000
給　　　　　料	357,360	別　途　積　立　金	108,000
水　道　光　熱　費	12,300	売　　　　　上	1,927,400
支　払　地　代	67,495	有　価　証　券　利　息	120
保　　険　　料	14,400	有価証券運用損益	160
支　払　利　息	280		
	6,000,000		6,000,000

〔資料2〕検討事項

1．現金勘定は，手許現金の実際有高に修正済みである。水道光熱費210千円の支払について，120千円と誤記入していたことが判明した。決算整理に先立ち，現金過不足勘定の残高は雑益勘定又は雑損勘定へ振り替える。

2．仮払金勘定の内訳は，次のとおりである。

（1）法人税等の中間納付額	400千円
（2）消費税の仮払額	120,500千円
（3）退職者に対する退職一時金の支払額	3,800千円
（4）その他資本剰余金を原資とした配当支払額	2,600千円
（5）〔資料2〕4．に係る引取費用の支払額	40千円

3．仮受金勘定の内訳は，次のとおりである。

（1）〔資料2〕5．に係る当座預金口座への受入金額	95,300千円
（2）消費税の仮受額	192,740千円

4．貨物代表証券を受領していた商品Y（単価230千円，20個）の現品を決算日までに検収したが，未処理である。

5．額面金額96,000千円の約束手形を割引に付していたが，未処理である。

6．仕入勘定の残高は，仕入割戻1,630千円及び仕入割引590千円を控除した後の金額である。

7．当社が発行した商品券410千円について，未使用のまま令和5年3月末日に有効期限が切れたものの，未処理である。当社は，有効期限の切れた商品券を売上勘定に振り替えている。

8．源泉徴収した所得税6,400千円を令和4年12月に当座預金口座から納付した際に，誤って給料勘定へ借方記入していたことが判明した。

9．当社は，消費税を税抜方式により処理している。本日，課税期間の末日であるため，消費税の整理を行う。

〔資料3〕決算整理事項

1．売上債権の期末残高に対して，1.5％の貸倒引当金を見積もる（差額補充法によること）。

2．有価証券勘定の内訳は，次のとおりである。

銘　柄	保有株(口)数	取得原価	期末時価	保有目的
柴田会社株式	300株	54千円／株	58千円／株	短期的な価格変動による値上がり益の獲得
塩釜会社債券	200口	33千円／口	31千円／口	短期的な価格変動による値上がり益の獲得
石巻会社債券	1,000口	78千円／口	77千円／口	満期まで保有し，利息を受け取る（注）

（注）券面利率は年0.3％，利払日は6月末及び12月末の年2回，償還期限は令和8年6月末日の条件で，令和4年7月1日に取得した。取得原価と額面金額（80千円／口）との差額は金利の調整分と認められることから，償却原価法（定額法）を適用し，利息計算は月割りによること。

3．期末商品棚卸高は，次のとおりである。ただし，〔資料2〕4．の商品Yは含まれていない。

なお，商品評価損は売上原価の内訳項目とし，棚卸減耗費は特別損失の区分に計上する。

種　類	期　末　数　量		取　得　原　価	正味売却価額
	帳簿棚卸数量	実地棚卸数量		
商　品　X	1,120個	1,080個	100千円／個	95千円／個
商　品　Y	60個	60個	230千円／個	440千円／個

4．有形固定資産の減価償却を行う（残存価額はゼロとし，過年度の償却計算は正しく行われている）。

建　　物　　定　額　法　　　　償却率0.050
備　　品　　200％定率法　　　償却率0.250

5．開発費は，市場の開拓を目的として令和元年9月に支出したものである。定額法により5年にわたる月割償却を行い，償却費は販売費及び一般管理費の区分に計上する。なお，過年度の償却計算は正しく行われている。

6．令和5年1月1日付けで保険契約を締結し，向こう3年分の保険料として14,400千円を当座預金口座より支払った。決算にあたり，前払いした保険料を適切に繰り延べる。

7．退職給付は内部積立方式によっているが，退職給付引当金の当期繰入額は3,160千円である。

8．借入金はすべて令和3年11月1日に借り入れ，令和7年10月末に返済する約束となっている。借入利率は年0.12％，利払日は4月末及び10月末（年2回，後払い）であり，利息計算は月割りによること。

9．当期の法人税等13,500千円を計上する。

※氏名は記入しないこと。

会場コード

受験番号

第211回簿記能力検定試験
1級　商業簿記・会計学　解答用紙

【禁無断転載】

得　点
点

制限時間
【1時間30分】

第1問採点

第1問 （20点）

ア	イ	ウ	エ	オ	カ	キ	ク	ケ	コ

第2問採点

第2問 （24点）

	借　方　科　目	金　　額	貸　方　科　目	金　　額
1 (1)				
1 (2)				
2				
3				
4				
5				

第3問採点

第3問（8点）

銀行勘定調整表　　（単位：円）

当座預金勘定残高	629,000	残高証明書残高	755,000
（加　算）		（加　算）	
〔　　　〕 （　　　）		〔　　　〕 （　　　）	
〔　　　〕 （　　　）		〔　　　〕 （　　　）	
（減　算）		（減　算）	
〔　　　〕 （　　　）		〔　　　〕 （　　　）	
（　　　）		（　　　）	

第4問採点

第4問（10点）

連結精算表
令和4年10月1日　　（単位：千円）

勘定科目	大衡株式会社 借方	大衡株式会社 貸方	丸森株式会社 借方	丸森株式会社 貸方	修正消去 借方	修正消去 貸方	連結貸借対照表 借方	連結貸借対照表 貸方
諸　資　産	732,000		580,000					
子会社株式	168,000							
諸　負　債		258,000		330,000				
資　本　金		430,000		110,000				
利益剰余金		212,000		140,000				
評価差額								
の　れ　ん								
（　　　　　）								
	900,000	900,000	580,000	580,000				

第5問採点

第5問（38点）

【問1】

(1) 商　品　券　　　[　　　　　]　千円

(2) 退職給付引当金　[　　　　　]　千円

(3) その他資本剰余金　[　　　　　]　千円

【問2】

貸 借 対 照 表

松島株式会社　　　　　　　　　令和5年3月31日　　　　　　（単位：千円）

資 産 の 部	金	額
流 動 資 産		
現 金 預 金		（　　　　　）
受 取 手 形	（　　　　　）	
売 掛 金	315,600	
貸 倒 引 当 金	△（　　　　　）	（　　　　　）
有 価 証 券		（　　　　　）
（　　　　　　　　）		（　　　　　）
前 払 費 用		（　　　　　）
未 収 収 益		（　　　　　）
流 動 資 産 合 計		（　　　　　）
固 定 資 産		
有 形 固 定 資 産		
建 物	1,320,000	
減 価 償 却 累 計 額	△（　　　　　）	（　　　　　）
備 品	1,728,000	
減 価 償 却 累 計 額	△（　　　　　）	（　　　　　）
有 形 固 定 資 産 合 計		（　　　　　）
投 資 そ の 他 の 資 産		
投 資 有 価 証 券		（　　　　　）
長 期 前 払 費 用		（　　　　　）
投資その他の資産合計		（　　　　　）
固 定 資 産 合 計		（　　　　　）
（　　　　）資 産		
開 発 費		（　　　　　）
（　　　　）資産合計		（　　　　　）
資 産 合 計		（　　　　　）

【問3】

損　益　計　算　書

松島株式会社　　　自令和4年4月1日　至令和5年3月31日　　　（単位：千円）

売　上　高　　　　　　　　　　　　　　　　　（　　　　　　　）

売　上　原　価

期首商品棚卸高　　　　　　　　122,760

当期商品仕入高　　　（　　　　　　　）

合　　　計　　　　（　　　　　　　）

期末商品棚卸高　　　（　　　　　　　）

差　　　引　　　　（　　　　　　　）

商　品　評　価　損　　　（　　　　　　　）　　（　　　　　　　）

売　上　総　利　益　　　　　　　　　　　　（　　　　　　　）

販売費及び一般管理費

貸　倒　引　当　金　繰　入　　　（　　　　　　　）

給　　　料　　　　（　　　　　　　）

（　　　　　　）　　　（　　　　　　　）

水　道　光　熱　費　　　（　　　　　　　）

支　払　地　代　　　　　　　67,495

減　価　償　却　費　　　（　　　　　　　）

保　険　料　　　　（　　　　　　　）

開　発　費　償　却　　　（　　　　　　　）　　（　　　　　　　）

（　　　　　）利益　　　　　　　　　（　　　　　　　）

営　業　外　収　益

有　価　証　券　利　息　　　（　　　　　　　）

有　価　証　券　運　用　益　　　（　　　　　　　）

仕　入（　　　　　）　　　（　　　　　　　）

（　　　　　　　）　　　（　　　　　　　）　　（　　　　　　　）

営　業　外　費　用

（　　　　　　　）　　　（　　　　　　　）

支　払　利　息　　　（　　　　　　　）　　（　　　　　　　）

（　　　　　）利益　　　　　　　　　（　　　　　　　）

特　別　損　失

棚　卸　減　耗　費　　　（　　　　　　　）　　（　　　　　　　）

税引前当期純利益　　　　　　　　　　（　　　　　　　）

法　人　税　等　　　　　　　13,500

当　期　純　利　益　　　　　　　　　　（　　　　　　　）

受験番号

解答は，すべて解答用紙に記入して必ず提出してください。

第212回簿記能力検定試験
問題用紙

1級　商業簿記・会計学

（令和5年11月26日施行）

問題用紙（計算用紙含）は回収します。持ち帰り厳禁です。

注　意

- ・試験開始の合図があるまで，問題用紙は開かないでください。
- ・この試験の制限時間は1時間30分です。
- ・解答は，問題の指示にしたがい，すべて解答用紙の指定の位置に記入してください。
- ・解答用紙の会場コードは，試験担当者が指示した6桁の数字を頭の0（ゼロ）を含めてすべて書いてください。
  受験番号は右寄せで書いてください。左の空白欄への0（ゼロ）記入は不要です。
  受験番号1番の場合，右寄せで1とだけ書いてください。
  受験番号90001番の場合，右寄せで90001とだけ書いてください。
  受験番号を記入していない場合や，氏名を記入した場合には，採点の対象とならない場合があります。
- ・印刷の汚れや乱丁，筆記用具の不具合などで必要のある場合は，手をあげて試験担当者に合図をしてください。
- ・下敷きは，机の不良などで特に許されたもの以外は使用してはいけません。
- ・計算用具（そろばん・計算機能のみの電卓など）を使用してもかまいません。
- ・解答用紙は，持ち帰りできませんので白紙の場合でも必ず提出してください。
  解答用紙を持ち帰った場合は失格となり，以後の受験をお断りする場合があります。
- ・簿記上本来赤で記入する箇所も黒で記入すること。
- ・解答は，必ず解答用紙に記入してください。
- ・金額には3位ごとのカンマ「，」を記入すること。
  ただし，位取りのけい線のある解答用紙にはカンマを記入しないこと。
  また，カンマ「，」（数字の下側に左向き）と小数点「．」は明確に区別できるようにすること。

主　催　公益社団法人　全国経理教育協会
後　援　文　部　科　学　省
　　　　日　本　簿　記　学　会

第212回簿記能力検定試験問題
1級　商業簿記・会計学

解答は解答用紙に

第1問 次の企業会計原則及び同注解の文章の（ ア ）から（ コ ）の中にあてはまる語を下の語群から選び，その番号を書きなさい。なお，同一の記号には，同一の語が入る。（20点）

1．企業会計は，すべての（ ア ）につき，（ イ ）に従って，正確な（ ウ ）を作成しなければならない。
2．損益計算書は，企業の（ エ ）を明らかにするため，一会計期間に属するすべての（ オ ）とこれに対応するすべての（ カ ）とを記載して経常利益を表示し，これに特別損益に属する項目を加減して（ キ ）を表示しなければならない。
3．前払費用は，一定の契約に従い，継続して（ ク ）の提供を受ける場合，いまだ提供されていない（ ク ）に対し支払われた対価をいう。従って，このような（ ク ）に対する対価は，時間の経過とともに次期以降の（ カ ）となるものであるから，これを当期の損益計算から（ ケ ）するとともに貸借対照表の（ コ ）の部に計上しなければならない。

1	負　　　　債	2	計　　　　上	3	商　　　　品	4	営 業 利 益	5	支　　　　出
6	資　　　　産	7	除　　　　去	8	役　　　　務	9	当 期 純 利 益	10	費　　　　用
11	取　　　　引	12	正規の簿記の原則	13	会 計 帳 簿	14	経 営 成 績	15	収　　　　益
16	企　　　　業	17	明 瞭 性 の 原 則	18	財 務 諸 表	19	財 政 状 態	20	収　　　　入

第2問 次の取引を仕訳しなさい。ただし，勘定科目は，次の中から最も適当なものを選ぶこと。（24点）

現　　　　金	当 座 預 金	受 取 手 形	外貨建売掛金
建　　　　物	構　築　物	前 払 金	建 設 仮 勘 定
買 掛 金	未 払 配 当 金	前 受 金	構築物減価償却累計額
資 産 除 去 債 務	資 本 金	資 本 準 備 金	利 益 準 備 金
新 築 積 立 金	繰越利益剰余金	売　　　　上	有 価 証 券 利 息
為 替 差 益	国庫補助金受贈益	仕　　　　入	減 価 償 却 費
支 払 利 息	為 替 差 損	減 損 損 失	固 定 資 産 圧 縮 損

1．当社は得意先である欧州サグラダ社より，令和5年1月に手付金として€3,800を受け取っている。同日の為替相場は，€1あたり¥140であった。本日（令和5年3月），商品€22,200を輸出し，手付金を除いた残額を掛けとした。本日の為替相場は，€1あたり¥144である。
2．当社（決算日3月31日）は，令和4年10月1日に国庫補助金¥7,000,000を受け入れ，当座預金口座に入金した。同日に，国庫補助金の対象となる構築物¥18,000,000が完成し引き渡しを受け，代金は小切手を振り出して支払い，使用を開始した。この構築物は，残存価額ゼロ，耐用年数10年，定額法により減価償却（記帳方法は間接法による）を行う。
   (1) 令和4年10月1日の仕訳を示しなさい。
   (2) 令和5年3月31日の仕訳を示しなさい。ただし，決算整理に先立ち，直接減額方式による国庫補助金相当額の圧縮記帳を行うこと。
3．当社は株主総会において，繰越利益剰余金を財源として次のように配当・処分を行う旨を決議した。株主へ配当金¥2,500,000を支払い，新築積立金¥500,000を積み立てる。また，利益準備金については，会社法で規定されている必要額を積み立てる。株主総会直前の純資産の内訳は，資本金¥40,000,000，資本準備金¥10,000,000，利益準備金¥500,000，繰越利益剰余金¥5,000,000であった。
4．決算にあたり，取引銀行の当座預金証明書残高と当社の当座預金勘定残高の不一致の原因を調査したところ，仕入先知床商会に買掛金を支払うために振り出した小切手¥87,600が未渡しであることが判明した。
5．当社の工場建物（取得原価¥60,000,000，減価償却累計額¥14,700,000）について，減損の兆候がみられたため，決算日において減損損失を計上することとした。当該工場建物の正味売却価額は¥27,800,000，使用価値は¥29,300,000と見積もられた。減損処理を行う前の取得原価から減損損失を直接に控除する方法を採用すること。

第3問　次の決算資料に基づいて，(1)流動比率，(2)当座比率，(3)総資産負債比率，(4)自己資本比率，(5) ＲＯＡ（総資産経常利益率），(6)ＲＯＥ（自己資本当期純利益率）を求めなさい。なお，計算上用いる資料は下記決算資料のみとし，解答上端数が生じた場合は，％の小数第1位未満を四捨五入して小数第1位まで示すこと。(12点)

(単位：千円)

資産合計額：960,000（内訳　現金預金：65,050　売上債権：74,200　有価証券：67,390　棚卸資産：32,160　短期貸付金：60,000　固定資産合計額：661,200）　流動負債合計額：240,000　固定負債合計額：139,200
売上高：1,060,500　売上原価：636,300　販売費及び一般管理費：106,050　営業外収益：100,000
営業外費用：212,710　特別利益：61,560　特別損失：146,000　法人税等：48,400

第4問　石見株式会社は，令和5年10月1日に平泉株式会社を吸収合併した。合併直前の両社の貸借対照表は次のとおりである。合併に際し，石見株式会社は平泉株式会社の株主へ1株あたり7千円の普通株式を60,000株発行し，交付した。企業結合日における諸資産の時価は石見株式会社が2,929,000千円，平泉株式会社は974,000千円であった。諸負債の時価は，両社ともに帳簿価額と同額であった。なお，石見株式会社は新株の払込価額の全額を資本金とした。
以上より，石見株式会社の合併直後の貸借対照表を完成しなさい。(8点)

貸 借 対 照 表
令和5年10月1日　　　　　　　　　　　　　　　　　　(単位：千円)

資　　　産	石見株式会社	平泉株式会社	負債・純資産	石見株式会社	平泉株式会社
諸　資　産	2,360,000	918,000	諸　負　債	357,000	541,000
			資　本　金	1,010,000	213,000
			資本準備金	440,000	120,000
			繰越利益剰余金	553,000	44,000
資　産　合　計	2,360,000	918,000	負債・純資産合計	2,360,000	918,000

第5問　富岡物産株式会社の第24期（令和4年4月1日～令和5年3月31日）末の〔資料1〕決算整理前残高試算表，〔資料2〕検討事項及び〔資料3〕決算整理事項によって，次の問に答えなさい。(36点)
【問1】以下の項目について，貸借対照表に掲記される金額を答えなさい。
　　　(1) 現金及び預金　　　(2) 商品　　　(3) 関係会社株式　　　(4) 長期前払費用
【問2】貸借対照表の負債の部と純資産の部を完成しなさい。
【問3】損益計算書を完成しなさい。

〔資料1〕決算整理前残高試算表

残 高 試 算 表
令和5年3月31日　　　　　　　　　　　　　(単位：千円)

借 方 科 目	金　　額	貸 方 科 目	金　　額
現　　　　　金	10,520	支　払　手　形	180,000
当　座　預　金	90,000	買　　掛　　金	210,000
受　取　手　形	110,000	所 得 税 預 り 金	6,460
電 子 記 録 債 権	14,000	仮　　受　　金	167,000
売　　掛　　金	278,000	未　　払　　金	200,000
有　価　証　券	218,800	社　　　　　債	592,200
繰　越　商　品	115,500	退 職 給 付 引 当 金	414,000
仮　　払　　金	129,000	貸 倒 引 当 金	3,400
建　　　　　物	1,200,000	建物減価償却累計額	470,000
備　　　　　品	1,400,000	備品減価償却累計額	512,000
仕　　　　　入	1,056,400	資　　本　　金	177,000
給　　　　　料	300,000	資　本　準　備　金	130,000
水 道 光 熱 費	16,000	利　益　準　備　金	16,000
支　払　地　代	40,000	繰越利益剰余金	90,000
支　払　保　険　料	17,280	売　　　　　上	1,819,700
社　債　利　息	4,500	受　取　配　当　金	240
		固定資産売却益	12,000
	5,000,000		5,000,000

〔資料2〕検討事項

1．決算にあたり，金庫の中を現金実査したところ，商品販売時に代金として受け取った得意先振出小切手300千円と日光銀行の株式配当金領収証170千円が発見された。これらはともに未処理であるため適切に処理すること。

2．仮払金勘定の内訳は，次のとおりである。

(1) 法人税等の中間納付額	20,000千円
(2) 消費税の仮払額	105,600千円
(3) 退職者に対する退職一時金の支払額	3,400千円

3．仮受金勘定の内訳は，次のとおりである。

(1) 消費税の仮受額	163,000千円
(2) 令和5年3月31日を払込期日とする新株発行に伴う払込金額	3,000千円

　　なお，当該払込金額の全額を資本金に組み入れることとする。

(3) 得意先からの売掛金の回収額	1,000千円

4．譲渡記録により電子記録債権14,000千円を銀行に譲渡し，割引料327千円を差し引いた手取額が当座預金口座に入金されていたが，未処理である。

5．当社は，消費税の処理方法として税抜方式によっている。本日，消費税の整理を行う。

〔資料3〕決算整理事項

1．売上債権の期末残高に対して，1.5％の貸倒引当金を見積もる（差額補充法によること）。

2．有価証券勘定の内訳は，次のとおりである。

銘　柄	保有株数	取得原価	期末時価	保有目的
姫路会社株式	1,200株	56千円／株	60千円／株	短期的な売買を繰り返し，売買益を得る
日光銀行株式	800株	72千円／株	90千円／株	相互に持ち合い，長期で保有する（注）
白神会社株式	2,000株	47千円／株	50千円／株	発行株数の25％を持ち，影響力を行使する

　（注）全部純資産直入法を適用する。法定実効税率を35％とした税効果会計を適用する。

3．期末商品棚卸高は，次のとおりである。なお，棚卸減耗費と商品評価損は売上原価の内訳項目として表示する。

種　類	期　末　数　量		取　得　原　価	正味売却価額
	帳簿棚卸数量	実地棚卸数量		
商　品　X	900個	890個	120千円／個	100千円／個
商　品　Y	15個	14個	660千円／個	644千円／個

4．有形固定資産の減価償却を行う（残存価額はゼロとし，過年度の償却計算は正しく行われている）。

建　　物	定額法	償却率0.040	耐用年数25年
備　　品	200％定率法	償却率0.250	耐用年数8年

5．令和4年10月1日に保険契約を締結し，向こう3年分の保険料として17,280千円を当座預金口座より支払った。決算にあたり前払いした保険料を適切に繰り延べる。

6．退職給付は内部積立方式によっているが，退職給付引当金の当期繰入額は3,314千円である。

7．社債は令和2年7月1日に額面総額600,000千円を発行したものである。発行条件は額面金額100円につき98円，償還期限5年，利率年1％，利払日は12月末日と6月末日の年2回である。決算にあたり必要な処理を行う。なお，額面金額と発行価額との差額は，償却原価法（定額法）を月割り計算により適用している。

8．当期の法人税等は，税引前当期純利益の35％とする。

第212回簿記能力検定試験

1級 商業簿記・会計学 解答用紙

第1問採点

第1問 （20点）

ア	イ	ウ	エ	オ	カ	キ	ク	ケ	コ

第2問採点

第2問 （24点）

	借　方　科　目	金　　額	貸　方　科　目	金　　額
1				
2 (1)				
2 (2)				
3				
4				
5				

第3問採点

第3問（12点）

(1)	流動比率		％
(2)	当座比率		％
(3)	総資産負債比率		％
(4)	自己資本比率		％
(5)	ＲＯＡ（総資産経常利益率）		％
(6)	ＲＯＥ（自己資本当期純利益率）		％

第4問採点

第4問（8点）

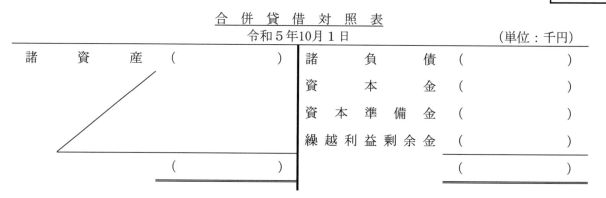

合併貸借対照表
令和5年10月1日　　　　　　　　　（単位：千円）

諸　資　産	（　　　　）	諸　負　債	（　　　　）
		資　本　金	（　　　　）
		資　本　準　備　金	（　　　　）
		繰　越　利　益　剰　余　金	（　　　　）
	（　　　　）		（　　　　）

第5問採点

第5問（36点）

【問1】

(1) 現金及び預金　　　　　　　　　　　千円

(2) 商　　　　品　　　　　　　　　　　千円

(3) 関係会社株式　　　　　　　　　　　千円

(4) 長期前払費用　　　　　　　　　　　千円

【問2】　　　　　　　　　　　　　　　　　　　　　（単位：千円）

負　債　の　部	金　　額
流　動　負　債	
支　払　手　形	180,000
買　　掛　　金	210,000
未　　払　　金	（　　　　　）
未　払　費　用	（　　　　　）
未　払　法　人　税　等	（　　　　　）
（　　　　　　　　）	（　　　　　）
預　　り　　金	6,460
流　動　負　債　合　計	（　　　　　）
固　　定　　負　　債	
繰　延　税　金　負　債	（　　　　　）
社　　　　　　債	（　　　　　）
退　職　給　付　引　当　金	（　　　　　）
固　定　負　債　合　計	（　　　　　）
負　債　合　計	（　　　　　）
純　資　産　の　部	
株　　主　　資　　本	
資　　本　　金	（　　　　　）
資　本　剰　余　金	
資　本　準　備　金	（　　　　　）
利　益　剰　余　金	
利　益　準　備　金	16,000
繰　越　利　益　剰　余　金	（　　　　　）
利　益　剰　余　金　合　計	（　　　　　）
株　主　資　本　合　計	（　　　　　）
評　価　・　換　算　差　額　等	
（　　　　　　　　）	（　　　　　）
評価・換算差額等合計	（　　　　　）
純　資　産　合　計	（　　　　　）
負　債　・　純　資　産　合　計	（　　　　　）

【問3】

<u>損　益　計　算　書</u>

富岡物産㈱　　　　自令和4年4月1日　至令和5年3月31日　　　　（単位：千円）

売　上　高		（　　　　　　）
売　上　原　価		
期首商品棚卸高	115,500	
当期商品仕入高	（　　　　　　）	
合　　計	（　　　　　　）	
期末商品棚卸高	（　　　　　　）	
差　　引	（　　　　　　）	
棚　卸　減　耗　費	（　　　　　　）	
商　品　評　価　損	（　　　　　　）	（　　　　　　）
（　　　　）利益		（　　　　　　）
販売費及び一般管理費		
給　　　　料	300,000	
貸　倒　引　当　金　繰　入	（　　　　　　）	
（　　　　　　）	（　　　　　　）	
水　道　光　熱　費	16,000	
支　払　地　代	40,000	
減　価　償　却　費	（　　　　　　）	
支　払　保　険　料	（　　　　　　）	（　　　　　　）
（　　　　）利益		（　　　　　　）
営　業　外　収　益		
有　価　証　券　運　用　益	（　　　　　　）	
（　　　　　　）	（　　　　　　）	（　　　　　　）
営　業　外　費　用		
（　　　　　　）	（　　　　　　）	
社　債　利　息	（　　　　　　）	（　　　　　　）
経　常　利　益		（　　　　　　）
特　別　利　益		
固　定　資　産　売　却　益	12,000	12,000
税引前当期純利益		（　　　　　　）
法　人　税　等		（　　　　　　）
当　期　純　利　益		（　　　　　　）

解答は，すべて解答用紙に記入して必ず提出してください。

第213回簿記能力検定試験
問題用紙

1級　商業簿記・会計学

（令和6年2月18日施行）

問題用紙（計算用紙含）は回収します。持ち帰り厳禁です。

注　　意

- ・試験開始の合図があるまで，問題用紙は開かないでください。
- ・この試験の制限時間は1時間30分です。
- ・解答は，問題の指示にしたがい，すべて解答用紙の指定の位置に記入してください。
- ・解答用紙の会場コードは，試験担当者が指示した6桁の数字を頭の0（ゼロ）を含めてすべて書いてください。
  受験番号は右寄せで書いてください。左の空白欄への0（ゼロ）記入は不要です。
  受験番号1番の場合，右寄せで1とだけ書いてください。
  受験番号90001番の場合，右寄せで90001とだけ書いてください。
  受験番号を記入していない場合や，氏名を記入した場合には，採点の対象とならない場合があります。
- ・印刷の汚れや乱丁，筆記用具の不具合などで必要のある場合は，手をあげて試験担当者に合図をしてください。
- ・下敷きは，机の不良などで特に許されたもの以外は使用してはいけません。
- ・計算用具(そろばん・計算機能のみの電卓など)を使用してもかまいません。
- ・解答用紙は，持ち帰りできませんので白紙の場合でも必ず提出してください。
  解答用紙を持ち帰った場合は失格となり，以後の受験をお断りする場合があります。
- ・**簿記上本来赤で記入する箇所も黒で記入すること。**
- ・**解答は，必ず解答用紙に記入してください。**
- ・**金額には3位ごとのカンマ「，」を記入すること。**
  ただし，位取りのけい線のある解答用紙にはカンマを記入しないこと。
  また，カンマ「，」（数字の下側に左向き）と小数点「．」は明確に区別できるようにすること。

主　催　　公益社団法人　全国経理教育協会
後　援　　文　部　科　学　省
　　　　　日　本　簿　記　学　会

第213回簿記能力検定試験問題
1級　商業簿記・会計学

解答は解答用紙に

第1問　次の企業会計原則及び同注解に準拠した文章の（ア）から（コ）にあてはまる語を下の語群から選び，その番号を書きなさい。なお，同一の記号には，同一の語が入る。(20点)

1．（ア）は，企業の（イ）を明らかにするため，（ア）日におけるすべての資産，（ウ）及び資本を記載し，株主，債権者その他の利害関係者にこれを正しく（エ）するものでなければならない。

2．企業会計は，予測される（オ）の危険に備えて，慎重な判断に基づく会計処理を行わなければならないが，過度に（カ）な会計処理を行うことにより，企業の（イ）及び（キ）の真実な報告をゆがめてはならない。

3．（オ）の特定の費用又は損失であって，その（ク）が（ケ）以前の事象に起因し，（ク）の可能性が高く，かつ，その金額を合理的に見積ることができる場合には，（ケ）の負担に属する金額を（ケ）の費用又は損失として（コ）に繰り入れ，当該（コ）の残高を（ア）の（ウ）の部又は資産の部に記載するものとする。

1	経　過　的	2	引　当　金	3	純　資　産	4	計　　　算	5	表　　　示
6	保　守　的	7	準　備　金	8	負　　　債	9	支　　　出	10	作　　　成
11	当　　　期	12	前　　　期	13	健　　　全	14	発　　　生	15	財　政　状　態
16	将　　　来	17	決　　　算	18	貸　借　対　照　表	19	会　計　帳　簿	20	経　営　成　績

第2問　次の取引を仕訳しなさい。仕訳が不要の場合には，借方科目欄に「仕訳なし」と記入すること。また，勘定科目は，以下より最も適当なものを選ぶこと。(24点)

現　　　　　金	当　座　預　金	受　取　手　形	売　　掛　　金
未　　収　　金	ソフトウェア	前　　払　　金	建　　　　　物
建物減価償却累計額	備　　　　　品	その他有価証券	営業外受取手形
繰延税金資産	支　払　手　形	買　　掛　　金	保　証　債　務
未払社債利息	社　　　　　債	繰延税金負債	その他有価証券評価差額金
保　険　差　益	仕　入　割　引	保証債務取崩益	仕　　　　　入
ソフトウェア償却	社　債　発　行　費	社　債　利　息	支　払　手　数　料
保証債務費用	火　災　損　失	法　人　税　等	火　災　未　決　算

1．本日，ソフトウェアパッケージ¥1,780,000を購入し，自社用にカスタマイズするための費用¥230,000とともに小切手を振り出して支払った。

2．当期首に火災が発生し，工場建物（取得原価¥48,500,000，減価償却累計額¥27,645,000）が焼失したので，火災未決算勘定で処理していた。この工場建物には¥30,000,000の火災保険をかけていたが，本日，保険会社より¥17,500,000が支払われる旨の通知を受けた。

3．当社（決算日は3月31日）は，当期中の2月1日に，額面総額¥40,000,000，発行価額¥100につき¥98.5，償還期限5年，券面利率0％の条件で社債を発行した。額面金額と発行価額との差額については，償却原価法（定額法，月割り計算）により処理する。本日決算にあたり，必要となる決算整理を行う。

4．本日（令和5年6月28日）に滑川株式会社に対する買掛金について小切手を振り出して支払った。この買掛金は令和5年6月19日に仕入れた商品¥1,360,000に対するものであり，購入日より20日以内に支払う場合には，債務額より1.25％を割り引く条件が付されていた。

5．当社は，令和5年12月末の決算整理において，その他有価証券として保有している魚津株式会社の株式1,200株について，期末時価¥7,500／株へ評価替え（法定実効税率30％とした税効果を考慮する）を行った。同株式は，すべて令和3年10月に¥7,750／株で取得したものであり，本日（令和6年1月1日），再振替仕訳を行う。

6．氷見株式会社へ備品を売却した際に受け取っていた同社振出の約束手形¥1,680,000を裏書して，射水株式会社に対する買掛金の支払いにあてた。なお，保証債務の時価は額面金額の0.5％とする。

第3問　南砺株式会社の第15期（令和5年1月1日～令和5年12月31日）に関する〔資料〕にもとづき，以下の株主資本等変動計算書（一部）を完成し，①～⑥の金額を答えなさい。金額がマイナスのときは，金額の前に△を付すこと。当期変動額がないときは，「 ― 」としている。（12点）

〔資料〕
1．令和5年3月24日開催の第14期定時株主総会において決議された事項
　（ア）資本準備金当期首残高のうち200,000千円を，その他資本剰余金へ振り替える。
　（イ）（ア）をふまえ，利益準備金と新築積立金を全額取り崩し，その他資本剰余金のうち344,000千円を，その他利益剰余金（繰越利益剰余金）へ振り替える。
　（ウ）第三者割当増資を行い，新たに株式を発行する。
　　　　発行価額：20千円／株，株式総数：40,000株。会社法に定められた最低額を資本金とする。
2．第15期に計上した当期純利益　66,000千円

株主資本等変動計算書
自令和5年1月1日　至令和5年12月31日　（単位：千円）

	株主資本						
	資本金	資本剰余金		利益剰余金			株主資本合計
		資本準備金	その他資本剰余金	利益準備金	その他利益剰余金		
					新築積立金	繰越利益剰余金	
当期首残高	500,000	300,000	200,000	10,500	28,000	△382,500	（ ① ）
当期変動額							
新株の発行	（ ② ）	（ ）					（ ）
準備金から剰余金への振替		（ ③ ）	（ ）				―
繰越損失の解消			（ ）	（ ）	（ ）	（ ）	―
当期純利益						（ ）	（ ）
当期変動額合計	（ ）	（ ）	（ ④ ）	（ ）	（ ）	（ ⑤ ）	（ ）
当期末残高	（ ）	（ ）	（ ）	（ ）	（ ）	（ ）	（ ⑥ ）

第4問　越中株式会社（決算日は9月30日）は，令和5年10月1日に八尾株式会社の発行済株式総数の70％を147,000千円で取得し，支配を獲得した。同日における八尾株式会社の資産のうち土地の時価は38,000千円（帳簿価額は35,000千円）であり，それ以外の資産及び負債の時価は帳簿価額と同額であった。支配獲得日の連結精算表を完成しなさい。なお，税効果会計は考慮しない。（10点）

貸借対照表
令和5年10月1日　（単位：千円）

資産	越中株式会社	八尾株式会社	負債・純資産	越中株式会社	八尾株式会社
諸　資　産	783,000	350,000	諸　負　債	219,000	148,000
子会社株式	147,000		資　本　金	300,000	50,000
			利益剰余金	411,000	152,000
資産合計	930,000	350,000	負債・純資産合計	930,000	350,000

第5問　立山株式会社は第5期（令和4年6月1日～令和5年5月31日）中に支店を開設した。支店の会計は，本店の会計から独立させている。〔資料1〕決算整理前残高試算表，〔資料2〕未達事項及び〔資料3〕決算整理事項等にもとづき，次の問に答えなさい。決算日の為替相場（1ドルあたり）は140円とする。（34点）
【問1】〔資料2〕未達事項について仕訳しなさい。
【問2】貸借対照表（一部）を完成しなさい。
【問3】損益計算書を完成しなさい。
【問4】ROE（自己資本当期純利益率）を求めなさい。なお，自己資本については，期中平均ではなく期末の金額を用いること。解答上の端数は，％の小数第1位未満を四捨五入して小数第1位まで示すこと。

〔資料1〕決算整理前残高試算表

残　高　試　算　表
令和5年5月31日　　　　　　　　　　　　　　　　（単位：千円）

借　方　科　目	本　店	支　店	貸　方　科　目	本　店	支　店
現　　　　　　　金	3,520	690	現　金　過　不　足	180	—
当　座　預　金	7,710	3,570	買　　掛　　金	2,480	—
受　取　手　形	6,400	—	外　貨　建　買　掛　金	2,730	—
売　　掛　　金	12,100	7,500	仮　受　消　費　税	10,260	3,520
売買目的有価証券	5,200	—	本　　　　　店	—	6,110
繰　越　商　品	5,750	—	所　得　税　預　り　金	510	170
仮　　払　　金	—	11,100	貸　倒　引　当　金	270	—
仮　払　法　人　税　等	4,110	—	建物減価償却累計額	2,880	—
仮　払　消　費　税	7,080	1,350	備品減価償却累計額	1,400	—
支　　　　　店	6,440	—	資　　本　　金	20,000	—
建　　　　　物	14,400	—	資　本　準　備　金	20,000	—
備　　　　　品	9,600	—	固定資産圧縮積立金	10,020	—
土　　　　　地	16,800	—	繰　越　利　益　剰　余　金	9,700	—
満　期　保　有　目　的　債　券	5,820	—	売　　　　　上	102,600	35,200
仕　　　　　入	28,900	10,070	受　取　配　当　金	520	—
給　　　　　料	19,330	6,840	受　取　地　代	1,450	—
広　告　宣　伝　費	22,340	—			
水　道　光　熱　費	9,500	3,880			
	185,000	45,000		185,000	45,000

〔資料2〕未達事項

1．本店より支店へ発送した商品25個（単価18千円／個）が，支店に未達である。

2．本店は支店の水道光熱費380千円を支払ったが，支店に未達である。

3．支店は本店の売掛金500千円を回収したが，本店に未達である。

〔資料3〕決算整理事項等

1．現金過不足の原因は，現金払いの広告宣伝費680千円を，誤って860千円と記帳していたためと判明した。

2．売上債権の期末残高に対して，2％の貸倒引当金を見積る（差額補充法によること）。

3．外貨建買掛金の内訳は，米国A社へ5千ドル，B社へ15千ドルである。支払期日はいずれも令和5年7月である。

4．有価証券の内訳は，次のとおりである。

銘　柄	保有株(口)数	取　得　原　価	期　末　時　価	保　有　目　的
砺波会社株式	13千株	400円／株	370円／株	短期的な価格変動による値上がり益
高岡会社債券	60千口	97円／口	96.5円／口	満期まで保有し，利息を受け取る（注）

（注）令和4年12月1日に取得している。償還期限は令和7年11月末，券面利率は年2％，利払日は5月末及び11月末（年2回）である。取得原価と額面金額（100円／口）の差は金利の調整分と認められるため，償却原価法（定額法）による月割り計算を行う。なお，令和5年5月末分の利札は未処理である。

5．期末商品棚卸高は，次のとおりである。ただし，〔資料2〕1．の未達分は含まれていない。

	期　末　数　量		取　得　原　価	正味売却価額
	帳簿棚卸数量	実地棚卸数量		
本　店	340個	325個	16千円／個	48千円／個
支　店	120個	120個	18千円／個	36千円／個

6．有形固定資産の減価償却を行う（残存価額ゼロ，過年度の償却計算は正しく行われている）。
　　建　　物　　定額法　　　　償却率0.050
　　備　　品　　200％定率法　償却率0.250　　なお，〔資料3〕7．も参照のこと。

7．仮払金勘定は，支店の営業開始までに要した現金支出である。ただし，4,320千円は令和5年1月に使用を開始した備品の購入額であり，減価償却は本店と同様に行う。また，2,700千円は令和4年12月1日から令和5年9月末までの10か月分の支払リース料である。残額4,080千円は，広告宣伝費として処理する。

8．期中の仮払消費税及び仮受消費税について，適切に処理すること。

9．当期の法人税等9,810千円を計上する。なお，仮払法人税等勘定は期中に納付した中間申告分である。

※氏名は記入しないこと。

会場コード

受験番号

第213回簿記能力検定試験

1級 商業簿記・会計学 解答用紙

【禁無断転載】

得　点
点

制限時間
【1時間30分】

第1問採点

第1問（20点）

ア	イ	ウ	エ	オ	カ	キ	ク	ケ	コ

第2問採点

第2問（24点）

	借　方　科　目	金　　額	貸　方　科　目	金　　額
1				
2				
3				
4				
5				
6				

第3問採点

第3問（12点）

（単位：千円）

①	②	③	④

⑤	⑥

第4問採点

第4問（10点）

連 結 精 算 表
令和5年10月1日

（単位：千円）

勘 定 科 目	越中株式会社 借 方	越中株式会社 貸 方	八尾株式会社 借 方	八尾株式会社 貸 方	修 正 消 去 借 方	修 正 消 去 貸 方	連結貸借対照表 借 方	連結貸借対照表 貸 方
諸　資　産	783,000		350,000					
子 会 社 株 式	147,000							
の　れ　ん								
諸　負　債		219,000		148,000				
資　本　金		300,000		50,000				
利 益 剰 余 金		411,000		152,000				
評 価 差 額								
（　　　　　）								
	930,000	930,000	350,000	350,000				

第5問採点

第5問（34点）

【問1】

（単位：千円）

	借 方 科 目	金 額	貸 方 科 目	金 額
1				
2				
3				

【問2】

貸 借 対 照 表

立山株式会社　　　　　　　　　令和5年5月31日　　　　　　（単位：千円）

資　産　の　部	金　　額	
流　動　資　産		
現　金　及　び　預　金		（　　　　　　　）
受　取　手　形	6,400	
売　　　掛　　　金	（　　　　　　　）	
貸　倒　引　当　金	△（　　　　　　　）	（　　　　　　　）
有　価　証　券		（　　　　　　　）
商　　　　　品		（　　　　　　　）
（　　　　　　　　　　）		（　　　　　　　）
流　動　資　産　合　計		（　　　　　　　）
固　定　資　産		
有　形　固　定　資　産		
建　　　　　物	14,400	
減　価　償　却　累　計　額	△（　　　　　　　）	（　　　　　　　）
備　　　　　品	（　　　　　　　）	
減　価　償　却　累　計　額	△（　　　　　　　）	（　　　　　　　）
土　　　　　地		16,800
有　形　固　定　資　産　合　計		（　　　　　　　）
投　資　そ　の　他　の　資　産		
投　資　有　価　証　券		（　　　　　　　）
投資その他の資産合計		（　　　　　　　）
固　定　資　産　合　計		（　　　　　　　）
資　　産　　合　　計		（　　　　　　　）

負債・純資産の部	金　　額	
負　債　の　部		
買　　　掛　　　金		（　　　　　　　）
未　払　法　人　税　等		（　　　　　　　）
未　払　消　費　税		（　　　　　　　）
預　　　り　　　金		680
負　債　合　計		（　　　　　　　）
純　資　産　の　部		
（　　以下省略　　）		

【問3】

損　益　計　算　書

立山株式会社　　　自令和4年6月1日　至令和5年5月31日　　　（単位：千円）

売　上　高		137,800	
売　上　原　価			
期首商品棚卸高	5,750		
当期商品仕入高	（　　　　　）		
合　　　計	（　　　　　）		
期末商品棚卸高	（　　　　　）	（　　　　　）	
（　　　　）利益		（　　　　　）	
販売費及び一般管理費			
給　　　料	26,170		
貸倒引当金繰入	（　　　　　）		
広告宣伝費	（　　　　　）		
減価償却費	（　　　　　）		
水道光熱費	（　　　　　）		
支払リース料	（　　　　　）	（　　　　　）	
（　　　　）利益		（　　　　　）	
営業外収益			
受取配当金	520		
有価証券利息	（　　　　　）		
受取地代	1,450	（　　　　　）	
営業外費用			
有価証券評価損	（　　　　　）		
為替差損	（　　　　　）	（　　　　　）	
経常利益		（　　　　　）	
特別損失			
棚卸減耗費	（　　　　　）	（　　　　　）	
税引前当期純利益		（　　　　　）	
法人税等		9,810	
当期純利益		（　　　　　）	

【問4】

ROE（自己資本当期純利益率）
％

簿記能力検定試験

標 準 解 答 ・ 解 説

公益社団法人 　全国経理教育協会

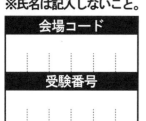

会場コード				

受験番号

第206回簿記能力検定試験
1級　商業簿記・会計学　解　答

【禁無断転載】

得　点

点

制限時間
【1時間30分】

第1問 （20点）

@2点×10＝20点

ア	イ	ウ	エ	オ	カ	キ	ク	ケ	コ
14	6	17	1	3	11	19	10	4	13

第2問 （24点）

@4点×6＝24点

	借　方　科　目	金　　額	貸　方　科　目	金　　額
1	減　損　損　失	18,000,000	建　　　　　物	18,000,000
2	未　　払　　金 支　払　利　息	252,000 2,000	現　　　　　金 利　息　未　決　算	252,000 2,000
3	名　古　屋　支　店	563,000	東　京　支　店	563,000
4	保　証　債　務	39,200	保　証　債　務　取　崩　益	39,200
5	資　本　準　備　金	15,000,000	繰　越　利　益　剰　余　金 資　本　準　備　金　減　少　差　益	13,000,000 2,000,000
6	保　管　有　価　証　券	4,010,000	預　り　有　価　証　券	4,010,000

第3問（10点）

●印@4点×2＋〇印@2点×1＝10点

		借方科目	金額	貸方科目	金額
●	仕入日	商　　品	556,000	前　払　金 外貨建買掛金	116,000 440,000
〇	決算日	外貨建買掛金	4,000	為替差損益	4,000
●	決済日	外貨建買掛金 為替差損益	436,000 8,000	普通預金	444,000

第4問（10点）

●印@2点×5＝10点

連結精算表

令和4年3月31日

（単位：千円）

勘定科目	北上株式会社 借方	北上株式会社 貸方	吉野株式会社 借方	吉野株式会社 貸方	修正消去 借方	修正消去 貸方	連結貸借対照表 借方	連結貸借対照表 貸方
諸　資　産	1,834,000		680,000		20,000		2,534,000	
子会社株式	400,000					400,000		
諸　負　債		358,000		270,000				628,000
資　本　金		1,424,000		300,000	300,000			1,424,000
利益剰余金		452,000		110,000	110,000			452,000
評価差額					20,000	20,000		
の　れ　ん					56,000		56,000	
(非支配株主持分)						86,000		86,000
	2,234,000	2,234,000	680,000	680,000	506,000	506,000	2,590,000	2,590,000

73

第5問（36点）

●印＠2点×18＝36点

【問1】

（単位：千円）

負　債　の　部	金　　額
流　動　負　債	
支　払　手　形	25,000
買　　掛　　金	(● 62,240)
未　　払　　金	(● 330)
未　払　費　用	(● 160)
未　払　法　人　税　等	(● 22,025)
（未　払　消　費　税） ─●─	(22,930)
前　　受　　金	(340)
1年以内返済長期借入金	(● 4,000)
流　動　負　債　合　計	(137,025)
固　　定　　負　　債	
長　期　借　入　金	(● 36,000)
退　職　給　付　引　当　金	(● 19,200)
固　定　負　債　合　計	(55,200)
負　債　合　計	(192,225)
純　資　産　の　部	
株　主　資　本	
資　　本　　金	(● 100,900)
資　本　剰　余　金	
資　本　準　備　金	(28,900)
利　益　剰　余　金	
利　益　準　備　金	6,800
繰　越　利　益　剰　余　金	(130,300)
利　益　剰　余　金　合　計	(137,100)
株　主　資　本　合　計	(266,900)
評　価　・　換　算　差　額　等	
（その他有価証券評価差額金） ─●─	(1,800)
評価・換算差額等合計	(1,800)
純　資　産　合　計	(268,700)
負　債　・　純　資　産　合　計	(460,925)

注 「未払消費税」は「未払消費税等」でもよい。

【問2】

損　益　計　算　書

四万十物産㈱　　　令和3年4月1日～令和4年3月31日　　　（単位：千円）

売　上　高			598,000
売　上　原　価			
期首商品棚卸高	23,800		
当期商品仕入高	341,900		
合　　　計	365,700		
期末商品棚卸高	(● 27,680)		
差　　　引	(338,020)		
棚卸減耗費	(● 880)		
商品評価損	(● 620)	(339,520)	
売上総利益		(258,480)	
販売費及び一般管理費			
給料手当	70,500		
退職給付費用	(1,400)		
貸倒引当金繰入	(● 1,370)		
旅費交通費	5,090		
水道光熱費	2,710		
減価償却費	(● 23,625)		
保険料	(● 2,100)		
（ソフトウェア）償却 ―●―	(840)		
雑費	860	(108,495)	
営業利益		(149,985)	
営業外収益			
受取配当金	205		
雑収入	3,200	3,405	
営業外費用			
支払利息	(160)		
（有価証券評価損） ―●―	(480)	(640)	
税引前当期純利益		(152,750)	
法人税等		(45,825)	
当期純利益		(106,925)	

注 「有価証券評価損」は「有価証券運用損」でもよい。

第1問

　本問の問題文は，『企業会計原則』の「第一　一般原則」，「第三　貸借対照表原則」さらに『企業会計原則注解』の【注1】からの一部抜粋である。

1．企業会計は，すべての（ア **取引**）につき，（イ **正規の簿記**）の原則に従って，（ウ **正確**）な（エ **会計帳簿**）を作成しなければならない。

2．貸借対照表は，企業の（オ **財政状態**）を明らかにするため，貸借対照表日におけるすべての資産，（カ **負債**）及び資本を記載し，株主，債権者その他の（キ **利害関係者**）にこれを正しく表示するものでなければならない。

3．企業会計が目的とするところは，企業の（ク **財務内容**）を明らかにし，企業の状況に関する（キ **利害関係者**）の判断を誤らせないようにすることにあるから，（ケ **重要**）性の乏しいものについては，本来の厳密な（コ **会計処理**）によらないで他の簡便な方法によることも，（イ **正規の簿記**）の原則に従った処理として認められる。

第2問

1．固定資産の減損

　　減損損失を認識すべきであると判定された建物については，帳簿価額¥38,000,000（＝50,000,000－12,000,000）を回収可能価額¥20,000,000（正味売却価額¥20,000,000と使用価値¥19,000,000のいずれか高い方の金額）まで減額し，当該減少額¥18,000,000を減損損失勘定の借方に記入する。

　　　（借）減　損　損　失　　18,000,000　　（貸）建　　　　　　物　　18,000,000

2．固定資産の割賦購入

　　分割払いで購入した備品の第1回割賦金（未払金勘定）支払時の仕訳を問うている。問題より購入時の仕訳は以下のとおり示されている。

　　　（借）備　　　　　　品　　2,000,000　　（貸）未　　払　　金　　2,016,000
　　　　　　利　息　未　決　算　　　16,000

　　未払金のうち1回分¥252,000（＝2,016,000÷8回）を現金で支払うとともに，利息未決算勘定から支払利息勘定（費用）へ¥2,000（＝16,000÷8回）振り替える処理も併せて行う。

　　　（借）未　　払　　金　　252,000　　（貸）現　　　　　　金　　252,000
　　　（借）支　払　利　息　　　2,000　　（貸）利　息　未　決　算　　　2,000

3．本店集中計算制度

　　支店相互間の商品売買取引について，その債権債務を本店の帳簿に記録する本店集中計算制度の仕訳を問うている。本店を通して取引が行われると仮定するため，まず東京支店が本店に商品を発送すると，東京支店の仕訳は以下のとおりである。

　　　（借）本　　　　　　店　　563,000　　（貸）仕　　　　　　入　　563,000
　　本店はこの連絡を受けると，次の仕訳が行われる。
　　　（借）仕　　　　　　入　　563,000　　（貸）**東　京　支　店**　　**563,000**
　　　（借）**名　古　屋　支　店**　　**563,000**　　（貸）仕　　　　　　入　　563,000
　　実際に商品の受払いは行われていないため，貸借の仕入勘定は相殺され，債権・債務の関係だけが残ることになる。参考までに名古屋支店における商品到着時の仕訳は以下のとおりである。
　　　（借）仕　　　　　　入　　563,000　　（貸）本　　　　　　店　　563,000

４．保証債務の取崩

　　手形の割引をした際に保証債務を時価¥39,200（＝2,800,000×1.4%）で評価して保証債務勘定（負債）を計上した仕訳は以下のとおりである。

　　　　（借）保　証　債　務　費　用　　　39,200　　　（貸）保　　証　　債　　務　　　39,200

　　割り引いた手形が満期になり無事決済されたことで，計上していた保証債務が解消したので，保証債務を借方で消滅させて，貸方に保証債務取崩益勘定（収益）を計上する。

　　　　（借）保　　証　　債　　務　　　39,200　　　（貸）保　証　債　務　取　崩　益　　　39,200

５．欠損てん補による資本準備金の減少の処理

　　欠損をてん補するため資本準備金を充当する場合の仕訳を問うている。資本準備金をてん補して余った額¥2,000,000（＝15,000,000－13,000,000）については，資本準備金減少差益勘定（その他資本剰余金）で処理する。

　　　　（借）資　本　準　備　金　　　15,000,000　　　（貸）繰　越　利　益　剰　余　金　　　13,000,000
　　　　　　　　　　　　　　　　　　　　　　　　　　　　　　　　　資本準備金減少差益　　　2,000,000

６．預り有価証券の記録

　　保証金の代用として有価証券を預かった場合の備忘仕訳を問うている。所有権が移転しているわけではないため，簿記上の取引には該当しないが，備忘記録として対照勘定で処理する。勘定科目は指定されている「保管有価証券」勘定と「預り有価証券」勘定を用いて，金額は預り時の時価¥4,010,000（＝4,010×1,000株）で記録する。

　　　　（借）保　管　有　価　証　券　　　4,010,000　　　（貸）預　り　有　価　証　券　　　4,010,000

第３問

　　外貨建輸入取引について，「仕入日」「決算日」「決済日」の仕訳を問うている。

　　まずは内金支払日の仕訳から考えてみる。内金＄1,000をその日の為替相場＄1＝¥116で換算して，普通預金口座から支払ったとすると仕訳は以下のとおりである。

　　　　（借）前　　払　　金　　　116,000　　　（貸）普　　通　　預　　金　　　116,000

　　次に仕入日となり商品＄5,000を仕入れるが，＄5,000のうち，＄1,000は内金として116,000円を支払済みであり，残りの＄4,000をこの日の為替相場＄1＝¥110で換算して440,000円が外貨建買掛金となる。仕訳は以下のとおりである。

　　　　（借）商　　　　　　品　　　556,000　　　（貸）前　　払　　金　　　116,000
　　　　　　　　　　　　　　　　　　　　　　　　　　　　　　外　貨　建　買　掛　金　　　440,000

　　決算日では外貨建金銭債権債務については，決算時の為替相場によって円換算する。ここでは＄4,000の外貨建買掛金を決算時の為替相場＄1＝¥109で換算することになる。すなわち440,000円から436,000円まで4,000円の為替差損益を計上する。

　　　　（借）外　貨　建　買　掛　金　　　4,000　　　（貸）為　　替　　差　　損　　益　　　4,000

　　決済日では＄4,000の外貨建買掛金を当日の為替相場＄1＝111で換算した額（444,000円）を普通預金から支払い，帳簿価額（436,000円）との差額（8,000円）は為替差損益として計上する。

　　　　（借）外　貨　建　買　掛　金　　　436,000　　　（貸）普　　通　　預　　金　　　444,000
　　　　　　　為　替　差　損　益　　　　8,000

第4問

　連結精算表を完成させることで，支配獲得日（R4.3.31）の連結貸借対照表を作成する問題である。本間での連結手続は，親会社・子会社の貸借対照表を単純合算し，続いて連結消去手続（①子会社財産の時価評価，②投資と資本の相殺）を通じて連結貸借対照表の完成に至る。連結貸借対照表固有の科目として，「のれん」と「非支配株主持分」が記載される。

　連結消去手続を仕訳形式で示すと以下のとおりである。

①　子会社財産の時価評価〔土地：簿価132,000千円→時価152,000千円〕

　　　（借）土　　　　　　　地　　　20,000　　（貸）評　価　差　額　　　20,000

②　投資と資本の相殺〔非支配株主持分：（300,000千円＋110,000千円＋20,000千円）×20%〕

　　　　　　　　　　　〔のれん：400,000千円－（300,000千円＋110,000千円＋20,000千円）×80%〕

　　　（借）資　　本　　金　　　300,000　　（貸）子　会　社　株　式　　　400,000

　　　　　　利　益　剰　余　金　　　110,000　　　　　　非支配株主持分　　　86,000

　　　　　　評　価　差　額　　　20,000

　　　　　　の　れ　ん　　　56,000

　これらを連結精算表の修正消去欄に記入し，連結貸借対照表を完成させる。

第5問

　本問は，主として決算整理の処理及び財務諸表の作成能力を問うている。【問1】では，貸借対照表における負債及び純資産の部の作成を問うている。「未払法人税等」と「繰越利益剰余金」の金額は，〔問2〕の損益計算書を完成してから求めたほうがよい。【問2】では損益計算書の作成を問うている。売上原価の内訳科目として表示する「棚卸減耗費」と「商品評価損」の金額は「差引」の金額に加算しなければならない。

　以下，検討事項と決算整理事項に関わる仕訳（決算整理仕訳等）を示しておく。なお，仕訳金額は便宜上，千円単位で表している。

〔資料2〕検討事項

1．銀行口座残高の照合

　　(1)の未渡小切手は買掛金の修正として当座預金を増額処理する。(2)は引渡済の未取付小切手であり，修正処理は必要ない。(3)の未渡小切手は修繕費が支払われていなかったため未払金として処理する。

　　　（借）当　座　預　金　　　540　　（貸）買　　掛　　金　　　540
　　　（借）当　座　預　金　　　330　　（貸）未　　払　　金　　　330

2．仮払金勘定の整理

　　仮払金は支出時に本来処理すべきであった勘定科目へ振り替える。(1)は仮払消費税，(2)は仮払法人税等，(3)は退職給付引当金で処理をする。

　　　（借）仮　払　消　費　税　　　34,600　　（貸）仮　　払　　金　　　59,200
　　　　　　仮　払　法　人　税　等　　　23,800
　　　　　　退　職　給　付　引　当　金　　　800

3．仮受金勘定の整理

　　仮受金は収入時に本来処理すべきであった勘定科目へ振り替える。(1)は仮受消費税，(2)は資本金・資本準備金，(3)は前受金で処理する。

　　　（借）仮　　受　　金　　　59,670　　（貸）仮　受　消　費　税　　　57,530
　　　　　　　　　　　　　　　　　　　　　　　　資　　本　　金　　　900
　　　　　　　　　　　　　　　　　　　　　　　　資　本　準　備　金　　　900
　　　　　　　　　　　　　　　　　　　　　　　　前　　受　　金　　　340

４．消費税の整理

消費者から預かった仮受消費税57,530千円と当社が支払った仮払消費税34,600千円を相殺し消費税の納税額22,930千円を未払消費税等として計上する。

（借）仮　受　消　費　税　　57,530　　（貸）仮　払　消　費　税　　34,600
　　　　　　　　　　　　　　　　　　　　　　　未　払　消　費　税　等　　22,930

〔資料３〕決算整理事項

１．貸倒引当金の設定

売上債権100,000千円（＝受取手形52,000＋売掛金48,000）に対して1.8％の貸倒引当金1,800千円を設定するため，貸倒引当金残高430千円との差額1,370千円を繰り入れる。

（借）貸　倒　引　当　金　繰　入　　1,370　　（貸）貸　倒　引　当　金　　1,370

２．有価証券の整理と評価

保有目的に従って有価証券勘定から適切な勘定へ振り替える。

（借）売買目的有価証券　　24,880　　（貸）有　価　証　券　　32,080
　　　その　他　有価証券　　 7,200

売買目的有価証券は取得原価24,880千円（＝5,200×3.4＋4,000×1.8）から時価24,400千円（＝5,200×3.0＋4,000×2.2）まで480千円（24,880－24,400）の有価証券評価損を計上する。

（借）有　価　証　券　評　価　損　　480　　（貸）売買目的有価証券　　480

その他有価証券は時価9,000千円で評価するが，評価差額1,800千円（9,000－3,600×2.0）は税効果会計を考慮外とすることから，その他有価証券評価差額金として処理される。

（借）そ　の　他　有価証券　　1,800　　（貸）その他有価証券評価差額金　　1,800

３．売上原価の算定と期末商品価額の確定

ここでは仕入勘定をもって売上原価勘定の代用とする決算整理仕訳を行う。まず仕入勘定の借方に期首商品金額23,800千円（＝前T/B繰越商品）を振替え，期末商品帳簿棚卸高27,680千円（＝8.0×1,600個＋6.0×2,480個）を仕入勘定の貸方へ記入するとともに繰越商品勘定へ振り替える。

（借）仕　　　　　　入　　23,800　　（貸）繰　越　商　品　　23,800
（借）繰　越　商　品　　27,680　　（貸）仕　　　　　　入　　27,680

次に期末商品価額を確定する。期末商品帳簿棚卸高27,680千円より棚卸減耗費880千円（＝8.0×50個＋6.0×80個）と商品評価損620千円（＝0.4×1,550個）が差し引かれ，26,180千円が期末商品価額として確定する。

（借）棚　卸　減　耗　費　　880　　（貸）繰　越　商　品　　1,500
　　　商　品　評　価　損　　620

４．減価償却費の計上

建物の減価償却費の計算は以下のとおり。

210,000÷35年＝6,000

備品の減価償却費の計算は以下のとおり。

(94,000－23,500)×0.25＝17,625

減価償却費計上の仕訳は次のとおり。

（借）減　価　償　却　費　　23,625　　（貸）建物減価償却累計額　　6,000
　　　　　　　　　　　　　　　　　　　　　　備品減価償却累計額　　17,625

5．ソフトウェアの償却

　　ソフトウェアは令和2年2月1日に自社利用目的で購入されたもので，すでに前期末まで14ヵ月分償却済みであるため，当期首残高3,220千円（＝前T/Bソフトウェア）を残存償却月数46ヵ月で除して当期経過月数12ヵ月を乗じて，当期償却額840千円（＝3,220÷46ヵ月×12ヵ月）が求められる。

　　　　（借）　ソフトウェア償却　　　　840　　　（貸）　ソ フ ト ウ ェ ア　　　　840

6．退職給付費用の計上

　　退職給付引当金の繰入は退職給付費用として計上する。

　　　　（借）　退 職 給 付 費 用　　　1,400　　　（貸）　退 職 給 付 引 当 金　　　1,400

7．未払利息の計上

　　長期借入金は令和4年2月1日に借入れたもので，当期末（令和4年3月31日）までに2ヵ月間が経過しただけである。よって，2ヵ月分の支払利息160千円（＝40,000×2.4％×2ヵ月÷12ヵ月）が未払いのままとなっている。そこで，支払利息の未払費用の計上が必要となる。

　　　　（借）　支　払　利　息　　　　160　　　（貸）　未　払　費　用　　　　160

　　長期借入金の貸借対照表表示については，一年基準の適用により，令和5年1月31日の第1回返済分4,000千円は流動負債に「1年以内返済長期借入金」として表示され，残額の36,000千円については固定負債に「長期借入金」として表示されることに留意する。

8．長期前払費用の計上

　　保険料8,400千円は令和3年10月1日に向こう2年分支払われたもので，次期に保険期間が経過する1年6ヵ月分が前払費用となる。そのうち，1年基準により流動資産に前払費用となるものが1年分で4,200千円（＝8,400÷2年）となり，固定資産に長期前払費用となるものが6ヵ月分で2,100千円（＝4,200×0.5年）となる。

　　　　（借）　前　払　費　用　　　4,200　　　（貸）　保　　険　　料　　　6,300
　　　　　　　長 期 前 払 費 用　　　2,100

9．当期の法人税等の計上

　　ここまでの決算整理仕訳から損益計算書の税引前当期純利益までを作成し，そこで算出された税引前当期純利益152,750千円に30％を乗じた45,825千円が法人税等として計上する。そのうち，23,800千円は仮払法人税等として支払済みであることに留意しなければならない。

　　　　（借）　法　人　税　等　　　45,825　　　（貸）　仮 払 法 人 税 等　　　23,800
　　　　　　　　　　　　　　　　　　　　　　　　　　未 払 法 人 税 等　　　22,025

資　産　の　部	金　　額
流　動　資　産	
現　金　及　び　預　金	83,590
受　取　手　形	52,000
売　掛　金	48,000
貸　倒　引　当　金	△1,800
有　価　証　券	24,400
商　品	26,180
前　払　費　用	4,200
流　動　資　産　合　計	236,570
固　定　資　産	
建　物	210,000
減　価　償　却　累　計　額	△72,000
備　品	94,000
減　価　償　却　累　計　額	△41,125
土　地	20,000
ソ　フ　ト　ウ　ェ　ア	2,380
長　期　前　払　費　用	2,100
そ　の　他　有　価　証　券	9,000
固　定　資　産　合　計	224,355
資　産　合　計	460,925

第207回簿記能力検定試験

1級 商業簿記・会計学 解答

【禁無断転載】

得 点

点

制限時間
【1時間30分】

第1問（20点）

@2点×10＝20点

ア	イ	ウ	エ	オ	カ	キ	ク	ケ	コ
19	3	11	2	10	13	5	8	18	15

第2問（24点）

@4点×6＝24点

	借 方 科 目	金 額	貸 方 科 目	金 額
1	建 物 修 繕 費	1,800,000 770,000	当 座 預 金	2,570,000
2	リ ー ス 債 務 支 払 利 息 減 価 償 却 費	800,000 40,000 800,000	当 座 預 金 リース資産減価償却累計額	840,000 800,000
3	建物減価償却累計額 火 災 未 決 算	2,880,000 3,200,000	建 物 仕 入	3,600,000 2,480,000
4	ソフトウェア償却	90,000	ソ フ ト ウ ェ ア	90,000
5	その他有価証券	2,460,000	繰 延 税 金 負 債 その他有価証券評価差額金	738,000 1,722,000
6	退 職 給 付 引 当 金	3,000,000	当 座 預 金	3,000,000

第3問（10点）

●印@2点×5＝10点

銀 行 勘 定 調 整 表			（単位：円）
当 座 預 金 勘 定 残 高	989,000	残 高 証 明 書 残 高	969,000
（加　算）		（加　算）	
●〔未 渡 小 切 手〕	（ 134,000 ）	●〔未 取 立 小 切 手〕	（ 169,000 ）
〔　　　　　　〕	（　　　　）	〔　　　　　　〕	（　　　　）
（減　算）		（減　算）	
●〔誤 記 入 訂 正〕	（ 148,000 ）	●〔未 取 付 小 切 手〕	（ 163,000 ）
	●（ 975,000 ）		（ 975,000 ）

第4問（12点）

@2点×6＝12点

（単位：千円）

①	②	③	④
45,000	△21,000	△2,400	1,700
⑤	⑥		
245,000	606,400		

第5問（34点）

●印@2点×17＝34点

【問1】

（単位：千円）

	借 方 科 目	金 額	貸 方 科 目	金 額
1	仕　　　　　　入	840	本　　　　　　店	840
●2	水 道 光 熱 費	290	本　　　　　　店	290
●3	支　　　　　　店	420	売　　掛　　金	420

【問2】

貸　借　対　照　表

君津株式会社　　　　　　　　令和4年2月28日　　　　　　（単位：千円）

資　産　の　部	金	額
流 　動 　資 　産		
現 　金 　預 　金		（●　　12,230）
受 　取 　手 　形	5,330	
売 　　　掛 　　　金	（　　14,670）	
貸 　倒 　引 　当 　金	△（　　　　360）	（●　　19,640）
有 　価 　証 　券		（　　　4,300）
商 　　　　　　　品		（●　　　6,000）
●（ 　前 　払 　費 　用 　）		（　　　　400）
流 　動 　資 　産 　合 　計		（　　42,570）
固 　定 　資 　産		
有 　形 　固 　定 　資 　産		
建 　　　　　　　物	12,000	
減 　価 　償 　却 　累 　計 　額	△（　　4,440）	（●　　　7,560）
備 　　　　　　　品	（　　8,400）	
減 　価 　償 　却 　累 　計 　額	△（　　2,250）	（●　　　6,150）
土 　　　　　　　地		14,000
有 　形 　固 　定 　資 　産 　合 　計		（　　27,710）
投 　資 　そ 　の 　他 　の 　資 　産		
投 　資 　有 　価 　証 　券		（●　　　3,880）
投資その他の資産合計		（　　　3,880）
固 　定 　資 　産 　合 　計		（　　31,590）
資 　産 　合 　計		（　　74,160）

負債・純資産の部	金	額
負 　債 　の 　部		
買 　　　掛 　　　金		（●　　　4,350）
未 　払 　法 　人 　税 　等		（●　　　3,280）
未 　払 　消 　費 　税		（　　　3,980）
預 　　　り 　　　金		（　　　　650）
負 　債 　合 　計		（　　12,260）
純 　資 　産 　の 　部		
（ 　以下省略 　）		

【問3】

損　益　計　算　書

君津株式会社　　自令和3年3月1日　至令和4年2月28日　　（単位：千円）

売　上　高			105,800
売　上　原　価			
期首商品棚卸高		4,210	
当期商品仕入高	（	31,650 ）	
合　　計	（	35,860 ）	
期末商品棚卸高	（	6,130 ）	（　29,730 ）
●（売上総）利益			（　76,070 ）
販売費及び一般管理費			
給　　料		20,580	
貸倒引当金繰入	（	170 ）	
広告宣伝費	（●	20,740 ）	
水道光熱費	（●	10,800 ）	
支払地代	（	1,200 ）	
減価償却費	（	2,050 ）	（　55,540 ）
（営　業）利益			（　20,530 ）
営　業　外　収　益			
有価証券利息	（	50 ）	
受取配当金		440	
受取家賃		2,000	（　2,490 ）
営　業　外　費　用			
有価証券評価損	（●	100 ）	
為替差損	（	80 ）	（　180 ）
経　常　利　益			（　22,840 ）
特　別　損　失			
棚卸減耗費	（●	130 ）	（　130 ）
税引前当期純利益			（　22,710 ）
法　人　税　等			6,710
当　期　純　利　益			（　16,000 ）

【問4】

ROE（自己資本当期純利益率）
●　25.8 ％

第1問

　本問は，『企業会計原則』の「第一　一般原則」，さらに同注解4及び18からの一部抜粋である。1．では一般原則のうち真実性の原則について，2．では保守主義の原則についての理解を問うている。3．では引当金の認識基準，さらに貸借対照表における表示についての理解を問うている。

第2問

1．資本的支出

　　建物の改修工事については，修繕費勘定を用いて処理する。ただし，耐用年数を延長するための支出は，建物勘定へ借方記入すること。

　　　修　繕　分：　（借）修　　　繕　　　費　2,570,000　　　（貸）当　座　預　金　2,570,000
　　　改　良　分：　（借）建　　　　　　　物　1,800,000　　　（貸）修　　　繕　　　費　1,800,000

2．所有権移転外ファイナンス・リース取引

　　ファイナンス・リース取引を利子抜き法によって処理する場合，リース料総額から利息相当額を差し引いた金額を，リース資産及びリース債務として計上する。

　　　契約締結時：　（借）リ　ー　ス　資　産　4,000,000　　　（貸）リ　ー　ス　債　務　4,000,000

　　リース料総額¥4,200,000（＝840,000×5年）から見積現金購入価額¥4,000,000を差し引くことで，利息相当額¥200,000を逆算することができる。

　　リース料支払時の会計処理について，はじめに利息分を計算し，リース料から利息分を差し引いた額をリース債務の返済に充てたと捉える。なお，リース物件の所有権が移転しない場合，決算日には，リース期間を耐用年数とし，残存価額をゼロとした減価償却を行う。

　　　リース料支払：　（借）支　払　利　息　　　40,000　　　（貸）当　座　預　金　　840,000
　　　　　　　　　　　　　　リ　ー　ス　債　務　800,000
　　　減　価　償　却：　（借）減　価　償　却　費　800,000　　　（貸）リース資産減価償却累計額　800,000

3．火災発生時

　　火災が発生した時点では，受け取る保険金額は不明である。このとき，焼失した倉庫及び商品の帳簿価額について，火災未決算勘定へ振り替える。

　　　火災発生時：　（借）建物減価償却累計額　2,880,000　　　（貸）建　　　　　物　3,600,000
　　　　　　　　　　　　　　火　災　未　決　算　3,200,000　　　　　　仕　　　　　入　2,480,000

4．ソフトウェア

　　無形固定資産として計上したソフトウェアは，残存価額をゼロとした定額法により償却する。当期中に取得していた場合には，償却費を月割り計上すること。

　　　購　入　時：　（借）ソ　フ　ト　ウ　ェ　ア　1,800,000　　　（貸）当　座　預　金　な　ど　1,800,000
　　　決算整理：　（借）ソフトウェア償却　　　90,000　　　（貸）ソ　フ　ト　ウ　ェ　ア　　90,000

　　令和4年3月末に計上するソフトウェア償却費は，
　　ソフトウェアの取得原価1,800,000÷5年×3/12＝¥90,000と算定される。

5．その他有価証券の期末評価

　その他有価証券は時価の変動そのものを目的として取得したわけではなく，評価差額を純資産の部の一項目として当期の損益計算とは区別している。なお，法人税務では時価評価を行わない。このため，期末の時価で評価替えを行った企業会計とは評価差額の分だけズレが生じる。

　取得原価よりも値上がりしていた場合には，将来に（その時価で売却したと仮定して，売却益の分だけ）増加する税金の額を繰延税金負債として計上する。より厳密な解説は，上級に譲る。

　　取　得　時：（借）その他有価証券　108,540,000　（貸）当　座　預　金　108,540,000
　　時　価　評　価：（借）その他有価証券　2,460,000　（貸）その他有価証券評価差額金　2,460,000
　　税　効　果：（借）その他有価証券評価差額金　738,000　（貸）繰　延　税　金　負　債　738,000

6．退職給付の処理

　退職給付について内部積立方式によっている場合，従業員の退職に伴う一時金の支払いは，従業員に対する債務の減少を意味する。したがって，退職給付引当金勘定へ借方記入する。

　　退職一時金：　（借）退職給付引当金　3,000,000　（貸）当　座　預　金　3,000,000

第3問

　本問は，銀行勘定調整表についての理解を問うている。具体的には，未渡小切手と未取付小切手について，当社が当座預金勘定を減少させるタイミングと，取引銀行における残高が減少するタイミングとを，的確に理解しておく必要がある。

　⑴　未　渡　し：（借）当　座　預　金　134,000　（貸）未　　払　　金　134,000
　⑵　取立て未済：（借）仕　訳　な　し　（貸）
　⑶　誤　記　入：（借）買　　掛　　金　148,000　（貸）当　座　預　金　148,000
　⑷　取付け未済：（借）仕　訳　な　し　（貸）

	銀 行 勘 定 調 整 表		（単位：円）
当座預金勘定残高	989,000	残 高 証 明 書 残 高	969,000
（加　算）		（加　算）	
〔未 渡 小 切 手〕	（ 134,000 ）	〔未 取 立 小 切 手〕	（ 169,000 ）
（減　算）		（減　算）	
〔誤 記 入 訂 正〕	（ 148,000 ）	〔未 取 付 小 切 手〕	（ 163,000 ）
	（ 975,000 ）		（ 975,000 ）

第4問

　株主資本等変動計算書では，貸借対照表の純資産の部の一会計期間における変動額のうち，主として株主資本の各項目の変動事由について開示される。本問はとくに，新株の発行，剰余金の配当，といった取引の記入方法を問うている。参考までに，株主資本等変動計算書は次のとおり完成する。

株主資本等変動計算書

自令和3年1月1日 至令和3年12月31日

（単位：千円）

	株 主 資 本						
		資本剰余金		利益剰余金			株主資本合計
	資本金	資本準備金	その他資本剰余金	利益準備金	その他利益剰余金		
					新築積立金	繰越利益剰余金	
当 期 首 残 高	200,000	40,000	15,000	8,300	56,500	210,200	530,000
当 期 変 動 額							
新 株 の 発 行	45,000	45,000					90,000
剰 余 金 の 配 当				1,700		△22,700	△21,000
新築積立金の積立					2,400	△2,400	—
当 期 純 利 益						7,400	7,400
当期変動額合計	45,000	45,000	—	1,700	2,400	△17,700	76,400
当 期 末 残 高	245,000	85,000	15,000	10,000	58,900	192,500	606,400

第5問

　本問は，本支店間の取引を加味した合併財務諸表の作成能力を問うている。【問1】では，未達取引の整理を問うている。未達取引について未達側で仕訳を行った後，本店勘定と支店勘定の残高は一致しているはずである。【問2】では貸借対照表の作成を，【問3】では損益計算書の作成を問うている。処理しなければならない分量が多いと感じるかもしれないが，出題した論点そのものは基本的な水準である。

　以下，解答に必要な未達事項等及び決算整理事項等に関する仕訳を示す（単位：千円）。

〔資料2〕未達事項

1．商品の発送

　　　支　　　店：　（借）仕　　　　　入　　　840　　（貸）本　　　　　店　　　840

2．水道光熱費の支払

　　　支　　　店：　（借）水 道 光 熱 費　　　290　　（貸）本　　　　　店　　　290

3．売掛金の回収

　　　本　　　店：　（借）支　　　　　店　　　420　　（貸）売　　掛　　金　　　420

〔資料1〕へ以上の仕訳を行うことで，本支店の決算整理後残高試算表は次のとおりである。

　　　（本　店）支店勘定：〔資料1〕5,950＋420＝6,370千円。

　　　（支　店）本店勘定：〔資料1〕5,240＋（840＋290）＝6,370千円。

＜決算整理事項等＞

1．現金過不足勘定の整理

　　　本　　　店：　（借）現 金 過 不 足　　　 90　　（貸）広 告 宣 伝 費　　　 90

2．貸倒引当金勘定の整理

　　　本　　　店：　（借）貸倒引当金繰入　　　 80　　（貸）貸 倒 引 当 金　　　 80

　　　（受取手形5,330＋売掛金｛10,090－420｝）×1.8％－〔資料1〕190＝80千円。

　　　〔資料2〕3．で売掛金勘定へ420千円を貸方記入した点を忘れないこと。

　　　支　　　店：　（借）貸倒引当金繰入　　　 90　　（貸）貸 倒 引 当 金　　　 90

　　　（受取手形0＋売掛金5,000）×1.8％＝90千円。

３．外貨建金銭債務の換算替え

$$\text{本　店:(借)為 替 差 損 80 (貸)外貨建買掛金 80}$$

外貨建金銭債権債務は，決算時の直物為替相場を用いて換算替えを行う。なお，とくに指示のない限り，外部公表用の本支店合併貸借対照表には，邦貨建の「買掛金」に含めて掲記すること。

買　　掛　　金：〔資料１〕2,070＋外貨建買掛金（〔資料１〕2,200＋80）＝4,350千円。

４．有価証券の期末評価

・市原会社株式

$$\text{本　店:(借)有価証券運用損益 100 (貸)売買目的有価証券 100}$$

〔資料１〕へ以上の仕訳を行うことで，本支店合併財務諸表への計上額は次のように計算される。

有　価　証　券：〔資料１〕4,400－100＝4,300千円。

・佐倉会社債券

取得原価と額面金額との差が金利の調整分と認められるため，取得時（令和３年９月１日）から償還期限（令和７年２月末）までの３年６か月をかけて，（100－96.5）×40千口＝140千円だけ満期保有目的債券を増価させる。定額法により，令和４年２月期は６か月分の20千円と計算される。

また，期限の到来した公社債の利札は，「簿記上の現金」として取り扱う。本問では，令和４年２月に期限が到来した分について，100円／口×1.5%÷2×40千口＝30千円が未処理であった。クーポン利息は券面利率を用いて計算するが，利払日が年２回であることに留意されたい。

$$\text{本　店:(借)満期保有目的債券 20 (貸)有 価 証 券 利 息 20}$$
$$\text{(借)現 金 30 (貸)有 価 証 券 利 息 30}$$

〔資料１〕へ以上の仕訳を行うことで，本支店合併財務諸表への計上額は次のように計算される。

投　資　有　価　証　券：〔資料１〕3,860＋20＝3,880千円。

有　価　証　券　利　息：20＋30＝50千円。

５．売上原価の算定，棚卸資産の期末評価

$$\text{本　店:(借)売 上 原 価 4,210 (貸)繰 越 商 品 4,210}$$
$$\text{(借)売 上 原 価 24,100 (貸)仕 入 24,100}$$
$$\text{(借)繰 越 商 品 4,030 (貸)売 上 原 価 4,030}$$
$$\text{(借)棚 卸 減 耗 費 130 (貸)繰 越 商 品 130}$$

$$\text{支　店:(借)売 上 原 価 7,550 (貸)仕 入 7,550}$$
$$\text{(借)繰 越 商 品 2,100 (貸)売 上 原 価 2,100}$$

〔資料２〕１．より，当期仕入分及び期末在庫いずれも，840千円を忘れずに処理すること。

６．有形固定資産の減価償却

本問では，残存価額をゼロとした減価償却について問うている。定額法償却率及び200%定率法の償却率は，各自で算定できるようになってほしい。

$$\text{本　店:(借)減価償却費 1,600 (貸)建物減価償却累計額 600}$$
$$\text{備品減価償却累計額 1,000}$$

支　店：〔資料３〕７．を参照のこと。

〔資料１〕へ以上の仕訳を行うことで，本支店合併財務諸表への計上額は次のように計算される。

建物減価償却累計額：〔資料１〕3,840＋600＝4,440千円。

7．仮払金勘定の整理

支　店：	（借）備		品	3,600	（貸）仮	払	金	7,400
	支	払	地 代	1,600				
	広	告	宣 伝 費	2,200				
	（借）減	価	償 却 費	450	（貸）備品減価償却累計額			450
	（借）前	払	地 代	400	（貸）支	払	地 代	400

〔資料1〕へ以上の仕訳を行うことで，本支店合併財務諸表への計上額は次のように計算される。

備　　　　　品：〔資料1〕4,800＋3,600＝8,400千円。

備品減価償却累計額：〔資料1〕800＋（本店1,000＋支店450）＝2,250千円。

広 告 宣 伝 費：〔資料1〕18,630－（本店）90＋（支店）2,200＝20,740千円。

支 払 地 代：1,600－400＝1,200千円。

減 価 償 却 費：（本店）1,600＋（支店）450＝2,050千円。

8．消費税の整理

本　　　店：	（借）仮 受 消 費 税	8,550	（貸）仮 払 消 費 税				5,900
			未 払 消 費 税				2,650
支　　　店：	（借）仮 受 消 費 税	2,230	（貸）仮 払 消 費 税				900
			未 払 消 費 税				1,330

9．法人税等の整理

本　　　店：	（借）法 人 税 等	6,710	（貸）仮 払 法 人 税 等			3,430
			未 払 法 人 税 等			3,280

　なお，期末の自己資本は，〔資料1〕及び【問3】より次のとおり算定される。資本金7,000＋資本準備金7,000＋別途積立金8,350＋繰越利益剰余金（23,550＋16,000）＝61,900千円。

　ＲＯＥ（自己資本当期純利益率）の算定に際して，繰越利益剰余金勘定が当期純利益16,000千円だけ増えている点を忘れずに処理すること。

第208回簿記能力検定試験
1級　商業簿記・会計学　解　答

得　点	
	点

制限時間
【1時間30分】

第1問（20点）

@2点×10＝20点

ア	イ	ウ	エ	オ	カ	キ	ク	ケ	コ
1	12	13	8	18	17	16	11	7	14

第2問（24点）

@4点×6＝24点

	借　方　科　目	金　額	貸　方　科　目	金　額
1	仕　　　　　　入	476,000	大　阪　支　店	476,000
2	建　　　　　　物	80,890,000	当　座　預　金 資　産　除　去　債　務	80,000,000 890,000
3	新株式申込証拠金 当　座　預　金	36,000,000 36,000,000	資　　本　　金 資　本　準　備　金 別　段　預　金	18,000,000 18,000,000 36,000,000
4	満　期　保　有　目　的　債　券	80,000	有　価　証　券　利　息	80,000
5	クレジット売掛金 支　払　手　数　料	754,600 15,400	売　　　　　　上 仮　受　消　費　税	700,000 70,000
6	仕　　　　　　入	6,652,000	前　　払　　金 買　　掛　　金	1,560,000 5,092,000

第3問（12点）　　　　　　　　　　　　　　　　　　　　　　　　　@3点×4＝12点

(1)	流動比率	123.4	％
(2)	当座比率	109.8	％
(3)	ＲＯＡ（総資産経常利益率）	22.2	％
(4)	ＲＯＥ（自己資本当期純利益率）	11.1	％

第4問（8点）　　　　　　　　　　　　　　　　　　　　　　●印@2点×4＝8点

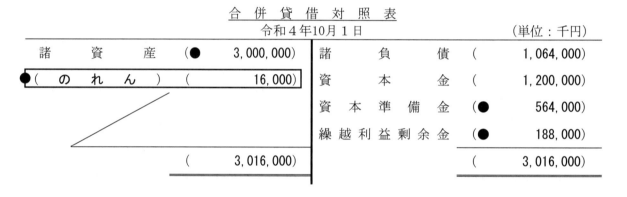

合　併　貸　借　対　照　表
令和4年10月1日　　　　　　　　　　（単位：千円）

諸　　資　　産	（●	3,000,000）	諸　　　負　　　債	（	1,064,000）
●（　の　れ　ん　）	（	16,000）	資　　本　　金	（	1,200,000）
			資　本　準　備　金	（●	564,000）
			繰　越　利　益　剰　余　金	（●	188,000）
	（	3,016,000）		（	3,016,000）

第5問（36点）　　　　　　　　　　　　　　　　　　　　●印@2点×18＝36点

【問1】

(1) 未　払　費　用	●	1,250	千円
(2) 社　　　　　債	●	493,500	千円
(3) 退職給付引当金	●	386,210	千円
(4) 繰越利益剰余金	●	148,370	千円
(5) その他有価証券評価差額金	●	2,680	千円

【問2】

貸 借 対 照 表

十和田商事㈱　　　　　　　令和4年3月31日　　　　　（単位：千円）

資 産 の 部		金	額
流 動 資 産			
現 金 預 金		（●	226,500 ）
受 取 手 形		125,000	
売 掛 金	（	204,000 ）	
貸 倒 引 当 金	△（	6,580 ）	（● 322,420 ）
有 価 証 券			（● 48,000 ）
●（ 商 品 ）			（ 110,440 ）
前 払 費 用			（ 2,880 ）
流 動 資 産 合 計			（ 710,240 ）
固 定 資 産			
有 形 固 定 資 産			
建 物		980,000	
減 価 償 却 累 計 額	△（	501,700 ）	（ 478,300 ）
備 品		1,240,000	
減 価 償 却 累 計 額	△（	681,250 ）	（● 558,750 ）
有 形 固 定 資 産 合 計			（ 1,037,050 ）
投 資 そ の 他 の 資 産			
投 資 有 価 証 券			（● 60,000 ）
子 会 社 株 式			（ 33,300 ）
長 期 前 払 費 用			（● 4,320 ）
投資その他の資産合計			（ 97,620 ）
固 定 資 産 合 計			（ 1,134,670 ）
（ 繰 延 ）資 産			
（ 開 発 費 ）			（ 18,000 ）
（ 繰 延 ）資 産 合 計			（ 18,000 ）
資 産 合 計			（ 1,862,910 ）

【問3】

損　益　計　算　書

十和田商事㈱　　自令和3年4月1日　至令和4年3月31日　　（単位：千円）

売　上　高			1,540,000
売　上　原　価			
期首商品棚卸高	123,600		
当期商品仕入高	（● 874,000 ）		
合　　計	（ 997,600 ）		
期末商品棚卸高	（ 128,840 ）		
差　　引	（ 868,760 ）		
棚　卸　減　耗　費	（ 10,400 ）		
商　品　評　価　損	（ 8,000 ）	（	887,160 ）
●（売上総）利益		（	652,840 ）
販売費及び一般管理費			
給　　　　料	270,000		
貸　倒　引　当　金　繰　入	（ 2,080 ）		
●（退職給付費用）	（ 3,010 ）		
水　道　光　熱　費	10,570		
支　払　地　代	30,000		
減　価　償　却　費	（ 225,450 ）		
支　払　保　険　料	（ 1,440 ）		
●（開発費）償却	（ 6,000 ）	（	548,550 ）
（営　業）利益		（	104,290 ）
営　業　外　収　益			
仕　入　割　引	（ 60 ）		
有　価　証　券　評　価　益	（ 3,000 ）		
●（受　取　配　当　金）	（ 250 ）	（	3,310 ）
営　業　外　費　用			
●（電子記録債権売却損）	（ 600 ）		
社　債　利　息	（ 7,000 ）	（	7,600 ）
経　常　利　益		（	100,000 ）
特　別　利　益			
固定資産売却益	11,000		11,000
税引前当期純利益		（	111,000 ）
法　人　税　等		（	36,630 ）
当　期　純　利　益		（	74,370 ）

第1問

　本間の問題文は，『企業会計原則』の「第一　一般原則」，『企業会計原則注解』の【注3】からの一部抜粋である。

1．企業会計は，その処理の（ ア **原則** ）及び（ イ **手続** ）を毎期（ ウ **継続** ）して適用し，みだりにこれを（ エ **変更** ）してはならない。

2．企業が選択した会計処理の（ ア **原則** ）及び（ イ **手続** ）を毎期（ ウ **継続** ）して適用しないときは，同一の（ オ **会計事実** ）について異なる（ カ **利益** ）額が算出されることになり，（ キ **財務諸表** ）の期間比較を困難ならしめ，この結果，企業の財務内容に関する（ ク **利害関係者** ）の判断を誤らしめることになる。従って，いったん採用した会計処理の（ ア **原則** ）又は（ イ **手続** ）は，（ ケ **正当な理由** ）により（ エ **変更** ）を行う場合を除き，（ キ **財務諸表** ）を作成する各時期を通じて（ ウ **継続** ）して適用しなければならない。なお，（ ケ **正当な理由** ）によって，会計処理の（ ア **原則** ）又は（ イ **手続** ）に重要な（ エ **変更** ）を加えたときは，これを当該（ キ **財務諸表** ）に（ コ **注記** ）しなければならない。

第2問

1．支店分散計算制度

　支店相互間の商品売買取引について，その内容を支店の帳簿のみに記録し，本店の帳簿には一切記録しない支店分散計算制度の仕訳を問うている。まず大阪支店が名古屋支店に商品を発送すると，大阪支店の仕訳は以下のとおりである。

　　　（借）名　古　屋　支　店　　476,000　　（貸）仕　　　　　　　入　　476,000

名古屋支店における商品受取時の仕訳は以下のとおりである。

　　　（借）仕　　　　　　　入　　476,000　　（貸）大　　阪　　支　　店　　476,000

支店分散計算制度のため本店の帳簿にこの取引の仕訳は記入されない。

2．資産除去債務の計上

　建物の取得時に当該建物の取得に付随して不可避的に生じる除去サービスの債務を負債（資産除去債務）として計上するとともに，取得原価に対応する除去費用を含める仕訳を問うている。除去費用は割引現在価値で計上することに留意する。

　　　（借）建　　　　　　　物　　80,890,000　　（貸）当　座　預　金　　80,000,000
　　　　　　　　　　　　　　　　　　　　　　　　　　　資　産　除　去　債　務　　890,000

3．新株式申込証拠金

　増資に際して払込期日における新株式申込証拠金の資本金への振替えの仕訳を問うている。併せて拘束されていた別段預金から当座預金への振替えの仕訳も必要となる。

　　　（借）新株式申込証拠金　　36,000,000　　（貸）資　　　本　　　金　　18,000,000
　　　　　　　　　　　　　　　　　　　　　　　　　　　資　本　準　備　金　　18,000,000

　資本金組入額は会社法に定められた最低額との指示があるため，払込金額¥36,000,000の1/2である¥18,000,000となり，残額¥18,000,000は資本準備金として処理する。

　　　（借）当　座　預　金　　36,000,000　　（貸）別　段　預　金　　36,000,000

4．償却原価法による評価

　　満期保有目的債券の償却原価法による評価の仕訳を問うている。償却原価法（定額法）とは，取得原価と額面金額との差額を償還期に至るまで均等額を取得価額に加算する方法であるから，当該差額¥400,000（＝10,000,000－9,600,000）を償還期限5年で割った¥80,000を満期保有目的債券勘定の借方に計上するとともに，有価証券利息（収益）も計上する。

　　　　（借）満期保有目的債券　　　　80,000　　（貸）有価証券利息　　　　80,000

5．クレジット売掛金の計上

　　商品をクレジット払いの条件で販売し，代金をクレジット売掛金で受け取る際の仕訳を問うている。税抜方式を採用しているため，売上勘定には消費税（10%）が含まれないように留意する。税込販売価額¥770,000（＝700,000×10%）の2%である¥15,400の支払手数料を計上する。

　　　　（借）クレジット売掛金　　754,600　　（貸）売　　　　　上　　700,000
　　　　　　　支払手数料　　　　15,400　　　　　仮受消費税等　　70,000

6．外貨建輸入取引

　　手付金支払済みの外貨建輸入取引の仕訳を問うている。輸入した商品の取得原価$50,000は，手付金$12,000と買掛金$38,000で構成されることに留意する。すなわち，仕入勘定には¥6,652,000（＝12,000×¥130＋38,000×¥134）を記録し，貸方には前払金¥1,560,000と買掛金¥5,092,000が記帳される。

　　　　（借）仕　　　　　入　　6,652,000　　（貸）前　払　金　　1,560,000
　　　　　　　　　　　　　　　　　　　　　　　　　買　掛　金　　5,092,000

第3問

　　本問は財務諸表の分析の中でも基本的なものについて問うている。(1)流動比率と(2)当座比率は，企業の短期的支払能力を分析する際に用いる安全性分析の経営指標となるものである。当座比率は流動比率と同様に，流動負債の返済に充てられる資産をどれだけ持っているかを表わすが，当座比率を求めるときの当座資産には「棚卸資産」を含めない。棚卸資産とは在庫のことで，必ずしも販売されるとは限らず，不良在庫になるリスクがある。そのため，在庫を多く抱えている企業は当座比率も活用してより厳密に支払能力を見定める必要がある。(3)ROA（総資産利益率：Return On Assets）とは，総資産に対してどれだけの利益が生み出されたのかを示すもので，これまで事業に投資した資産が，効率よく収益に貢献できているかを測るための指標である。(4)ROE（自己資本利益率：Return On Equity）は，企業の収益率を知る財務指標の一つで，投資に値するかを判断する際に重要な項目である。

(1)　流動比率 $= \dfrac{\text{流動資産}}{\text{流動負債}} \times 100 = \dfrac{31,050+44,200+23,300+17,000+38,700}{125,000} \times 100 = 123.4\%$

(2)　当座比率 $= \dfrac{\text{当座資産}}{\text{流動負債}} \times 100 = \dfrac{31,050+44,200+23,300+38,700}{125,000} \times 100 = 109.8\%$

(3)　ROA $= \dfrac{\text{経常利益}}{\text{総資産}} \times 100 = \dfrac{826,000-578,200-136,900+60,120-2,300}{760,000} \times 100 = 22.2\%$

(4)　ROE $= \dfrac{\text{当期純利益}}{\text{自己資本}} \times 100 = \dfrac{\text{経常利益}168,720+15,000-102,610-28,385}{760,000-125,000-160,000} \times 100 = 11.1\%$

第4問

本問は琵琶株式会社が浜名株式会社を吸収合併し，存続会社である琵琶株式会社の合併後貸借対照表を作成する問題である。吸収合併の手続は，琵琶株式会社が浜名株式会社の資産・負債を時価で買い取り，代価は琵琶株式会社の新株式を交付すること（パーチェス法）で完了する。

まず資産と負債の時価による受入れを行うと，諸資産895,000千円と諸負債632,000千円であるから，純額として263,000千円（＝895,000－632,000）の純資産を買収したことになる。これに対して株式264,000千円（＝8×33,000株）と現金15,000千円の計279,000千円を支払うことになるので，多く支払った16,000千円（＝279,000－263,000）は「のれん」として処理する。資本金組入額は合併契約で決まることであり，本問では200,000千円を資本金とする指示がある。

琵琶株式会社の合併仕訳は次のとおりである（金額単位：千円）。

（借）	諸 資 産	895,000	（貸）	諸 負 債	632,000
	の れ ん	16,000		資 本 金	200,000
				資 本 準 備 金	64,000
				諸 資 産	15,000

以上の仕訳を琵琶株式会社の合併直前の貸借対照表に反映させると解答の合併直後の貸借対照表が出来上がる。

第5問

本問は，主として決算整理の処理及び財務諸表の作成能力を問うている。【問1】では，貸借対照表における負債及び純資産の部から一部の科目の金額を問うている。「繰越利益剰余金」の金額は，〔問3〕の損益計算書を完成してから求めたほうがよい。【問2】では，貸借対照表の資産の部の作成を問うている。最終的には負債及び純資産の部も完成させ，資産合計と負債・純資産合計が一致することを確認したほうがよい。【問3】では，損益計算書の作成を問うている。決算整理前残高試算表の科目・金額を決算整理仕訳にしたがって修正し，あとはフォーマットに沿って，貸借対照表と損益計算書を完成させる。

以下，検討事項と決算整理事項に関わる仕訳（決算整理仕訳等）を示しておく。なお，仕訳金額は便宜上，千円単位で表している。

〔資料2〕検討事項
1．配当金領収証の処理

他人振出しの小切手と配当金領収証はともに金融機関において即時換金できる「通貨代用証券」であるため，簿記上は現金として取扱う。よって，借方は現金とし，貸方は売掛金と受取配当金として処理する。

| （借） | 現 金 | 330 | （貸） | 売 掛 金 | 200 |
| | | | | 受 取 配 当 金 | 130 |

2．仮払金勘定の整理

仮払金は支出時に本来処理すべきであった勘定科目へ振り替える。(1)は仮払法人税等，(2)は仮払消費税，(3)は退職給付引当金，(4)は繰越利益剰余金，(5)は〔資料2〕4と合わせて処理すべきであるが，ここでは未着品で処理をしておく。

（借）	仮 払 法 人 税 等	18,000	（貸）	仮 払 金	116,440
	仮 払 消 費 税	89,600			
	退 職 給 付 引 当 金	2,800			
	繰 越 利 益 剰 余 金	6,000			
	未 着 品	40			

3．仮受金勘定の整理

仮受金は収入時に本来処理すべきであった勘定科目へ振り替える。(1)は〔資料2〕5と合わせて処理すべきであるが，ここでは電子記録債権だけ処理をしておく。(2)は仮受消費税等で処理する。

（借）仮　　受　　金　　213,400　　（貸）電 子 記 録 債 権　　59,400
　　　　　　　　　　　　　　　　　　　　　仮 受 消 費 税　　154,000

4．未着品の到着

貨物代表証券と引き換えに商品を受取ったときは未着品勘定から仕入勘定に5,760千円（＝720×8個）振り替える。ただし，上記2で処理した未着品40千円の振替えを忘れないように注意する。

（借）仕　　　　　　入　　5,800　　（貸）未　　着　　品　　5,800

5．電子記録債権の割引

上記3で入金額の処理は終わっているので，ここでは電子記録債権売却損600千円（＝60,000－59,400）のみ計上する。

（借）電子記録債権売却損　　600　　（貸）電 子 記 録 債 権　　600

6．仕入割引の処理

仕入割引は財務的収益であるので，仕入勘定から控除するのではなく，仕入割引（営業外収益）として計上する。これに対して仕入割戻は仕入金額の減額と捉えるので，仕入勘定から控除するのが適切である。よって，仕入割戻については修正する必要はない。

（借）仕　　　　　　入　　60　　（貸）仕 入 割 引　　60

7．消費税の整理

消費者から預かった仮受消費税等154,000千円と当社が支払った仮払消費税等89,600千円を相殺し消費税等の納税額64,400千円を未払法人税等として計上する。

（借）仮 受 消 費 税　　154,000　　（貸）仮 払 消 費 税　　89,600
　　　　　　　　　　　　　　　　　　　　　未 払 消 費 税 等　　64,400

〔資料3〕決算整理事項

1．貸倒引当金の設定

売上債権329,000千円（＝受取手形125,000＋売掛金204,200－200）に対して2.0％の貸倒引当金6,580千円を設定するため，貸倒引当金残高4,500千円との差額2,080千円を繰り入れる。

（借）貸 倒 引 当 金 繰 入　　2,080　　（貸）貸 倒 引 当 金　　2,080

2．有価証券の整理と評価

保有目的に従って有価証券勘定から適切な勘定へ振り替える。

（借）売 買 目 的 有 価 証 券　　45,000　　（貸）有　価　証　券　　134,300
　　　子 会 社 株 式　　33,300
　　　そ の 他 有 価 証 券　　56,000

売買目的有価証券は取得原価45,000千円から時価48,000千円まで3,000千円の有価証券運用益を計上する。

（借）売 買 目 的 有 価 証 券　　3,000　　（貸）有 価 証 券 運 用 益　　3,000

子会社株式は取得原価のままで評価するため，仕訳不要である。

その他有価証券は時価60,000千円で評価するが，評価差額4,000千円は税効果会計を適用して1,320千円（＝4,000×33％）が繰延税金負債となり，残額2,680千円はその他有価証券評価差額金となる。

（借）そ の 他 有 価 証 券　　4,000　　（貸）繰 延 税 金 負 債　　1,320
　　　　　　　　　　　　　　　　　　　　　その他有価証券評価差額金　　2,680

３．売上原価の算定と期末商品価額の確定

　　ここでは仕入勘定をもって売上原価勘定の代用とする決算整理仕訳を行う。まず仕入勘定の借方に期首商品金額123,600千円（＝前T/B繰越商品）を振替え，期末商品金額128,840千円（＝130×880個＋720×12個＋未着品分5,800）を仕入勘定の貸方へ記入するとともに繰越商品勘定へ振り替える。

（借）	仕	入	123,600	（貸）	繰 越 商 品	123,600
（借）	繰 越 商 品	128,840	（貸）	仕	入	128,840

　　次に期末商品価額を確定する。商品Aは棚卸減耗費10,400千円（＝130×80個）と商品評価損8,000千円（＝10×800個）が差し引かれ，96,000千円が期末商品価額として確定する。商品Bについては棚卸減耗費・商品評価損ともにないので仕訳不要である。

（借）	棚 卸 減 耗 費	10,400	（貸）	繰 越 商 品	18,400
	商 品 評 価 損	8,000			

４．減価償却費の計上

　　建物の減価償却費の計算は以下のとおり。

　　980,000×0.04＝39,200

　　備品の減価償却費の計算は以下のとおり。

　　(1,240,000−495,000)×0.25＝186,250

　　減価償却費計上の仕訳は次のとおり。

（借）	減 価 償 却 費	225,450	（貸）	建物減価償却累計額	39,200
				備品減価償却累計額	186,250

５．開発費の償却

　　開発費は前期首（令和２年４月１日）に支出されたもので，すでに前期分償却済みであるため，当期首残高24,000千円（＝前T/B開発費）を残存償却年数４年で除して当期償却額6,000千円（＝24,000÷4年）が求められる。

（借）	開 発 費 償 却	6,000	（貸）	開 発 費	6,000

６．長期前払費用の計上

　　保険料8,640千円は令和３年10月１日に向こう３年分支払われたもので，次期に保険期間が経過する２年６ヵ月分が前払費用となる。そのうち，１年基準により流動資産に前払費用となるものが１年分で2,880千円（＝8,640÷3年）となり，固定資産に長期前払費用となるものが１年６ヵ月分で4,320千円（＝2,880×1.5年）となる。

（借）	前 払 費 用	2,880	（貸）	支 払 保 険 料	7,200
	長 期 前 払 費 用	4,320			

７．退職給付費用の計上

　　退職給付引当金の繰入は退職給付費用として計上する。

（借）	退 職 給 付 費 用	3,010	（貸）	退 職 給 付 引 当 金	3,010

８．社債利息の計上（償却原価法・未払費用）

　　まず償却原価法によって算定された社債利息を計上する。社債の額面金額500,000千円と発行価額490,000千円との差額10,000千円を償還期間５年で配分すると2,000千円となる。

（借）	社 債 利 息	2,000	（貸）	社 債	2,000

　　続いてクーポン利息（利札）は利率年１％の12月末日・６月末日払いとなっているので，１～３月分の社債利息1,250千円（＝500,000×１％×３ヵ月÷12ヵ月）が未払いのままとなっている。そこで，社債利息の未払費用の計上が必要となる。

（借）	社 債 利 息	1,250	（貸）	未 払 費 用	1,250

9．当期の法人税等の計上

　　ここまでの決算整理仕訳から損益計算書の税引前当期純利益までを作成し，そこで算出された税引前当期純利益111,000千円に33％を乗じた36,630千円が法人税等として計上する。そのうち，18,000千円は仮払法人税等として支払済みであることに留意しなければならない。

　　　　　（借）法　人　税　等　　　　36,630　　（貸）仮　払　法　人　税　等　　　　18,000
　　　　　　　　　　　　　　　　　　　　　　　　　　　未　払　法　人　税　等　　　　18,630

【参考】　　　　　　　　　　　　　　　　　　　　　　　　　　　　　（単位：千円）

負　債　の　部	金　　額
流　動　負　債	
支　払　手　形	175,000
買　　掛　　金	230,400
未　　払　　金	210,800
未　払　費　用	1,250
未　払　法　人　税　等	18,630
未　払　消　費　税　等	64,400
所　得　税　預　り　金	5,350
流　動　負　債　合　計	705,830
固　定　負　債	
社　　　　　　債	493,500
繰　延　税　金　負　債	1,320
退　職　給　付　引　当　金	386,210
固　定　負　債　合　計	881,030
負　債　合　計	1,586,860
純　資　産　の　部	
株　主　資　本	
資　　本　　金	60,000
資　本　剰　余　金	
資　本　準　備　金	50,000
利　益　剰　余　金	
利　益　準　備　金	15,000
繰　越　利　益　剰　余　金	148,370
利　益　剰　余　金　合　計	163,370
株　主　資　本　合　計	273,370
評　価・換　算　差　額　等	
その他有価証券評価差額金	2,680
評価・換算差額等合計	2,680
純　資　産　合　計	276,050
負　債・純　資　産　合　計	1,862,910

| 会場コード |
| 受験番号 |

第209回簿記能力検定試験

1級 商業簿記・会計学 解答

第1問 （20点）

@2点×10＝20点

ア	イ	ウ	エ	オ	カ	キ	ク	ケ	コ
9	17	3	11	2	10	13	6	20	7

第2問 （24点）

@4点×6＝24点

	借 方 科 目	金 額	貸 方 科 目	金 額
1	仕 訳 な し			
2	前 受 金 外 貨 建 売 掛 金	186,200 1,801,800	売 上	1,988,000
3 (1)	リ ー ス 資 産	2,000,000	リ ー ス 債 務	2,000,000
3 (2)	リ ー ス 債 務 支 払 利 息 減 価 償 却 費	400,000 20,000 400,000	当 座 預 金 リース資産減価償却累計額	420,000 400,000
4	繰 越 利 益 剰 余 金	780,000	利 益 準 備 金 未 払 配 当 金 別 途 積 立 金	30,000 500,000 250,000
5	商 品 保 証 引 当 金	500,000	現 金	500,000

第3問（10点）

●印＠2点×5＝10点

（単位：千円）

借　方　科　目	金　　　額	貸　方　科　目	金　　　額
● 売　　　　　上	677,000	損　　　　　益	677,000
● 損　　　　　益	543,000	売　上　原　価	543,000
● 損　　　　　益	134,000	繰 越 利 益 剰 余 金	134,000
● 閉　鎖　残　高	657,000	当　座　預　金 売　　　掛　　　金 商　　　　　　　品	379,000 185,000 93,000
● 買　　　掛　　　金 資　　　本　　　金 繰 越 利 益 剰 余 金	198,000 200,000 259,000	閉　鎖　残　高	657,000

注　資産，負債・純資産の各勘定から閉鎖残高勘定への振替仕訳は，順不問とする。
　　閉鎖残高は，決算残高，残高でも良い。

第4問（12点）

●印＠2点×6＝12点

（単位：千円）

	令 和 2 年 度	令 和 3 年 度	令 和 4 年 度
工　事　収　益	● 3,750,000	● 5,850,000	● 2,400,000
工　事　原　価	2,500,000	4,700,000	2,650,000
工　事　利　益	● 1,250,000	● 1,150,000	● △ 250,000

第5問（34点）

●印@2点×17＝34点

【問1】

（単位：千円）

負　債　の　部	金　額
流　動　負　債	
支　払　手　形	128,440
買　　　掛　　　金	（　97,030　）
未　　　払　　　金	（●　6,380　）
未　　払　　費　　用	（●　9,500　）
未　払　法　人　税　等	（●　42,600　）
未　払　消　費　税	（　82,530　）
預　　　　り　　　金	（●　22,320　）
1　年　以　内　償　還　社　債	（●　199,400　）
流　動　負　債　合　計	（　588,200　）
固　定　負　債	
社　　　　　　　　債	（　396,400　）
●（　繰　延　税　金　負　債　）	（　700　）
退　職　給　付　引　当　金	（　370,610　）
固　定　負　債　合　計	（　767,710　）
負　　債　　合　　計	（　1,355,910　）
純　資　産　の　部	
株　主　資　本	
資　　　本　　　金	（　165,000　）
資　本　剰　余　金	
資　本　準　備　金	（●　115,000　）
利　益　剰　余　金	
別　途　積　立　金	176,800
繰　越　利　益　剰　余　金	（　982,030　）
利　益　剰　余　金　合　計	（　1,158,830　）
株　主　資　本　合　計	（　1,438,830　）
評　価・換　算　差　額　等	
その他有価証券評価差額金	（　1,800　）
評　価・換　算　差　額　等　合　計	（　1,800　）
純　資　産　合　計	（　1,440,630　）
負　債・純　資　産　合　計	（　2,796,540　）

【問2】

損　益　計　算　書

金山株式会社　　自令和4年1月1日　至令和4年12月31日　　（単位：千円）

売　上　高			1,957,100
売　上　原　価			
期首商品棚卸高	101,530		
当期商品仕入高	（● 748,400 ）		
合　　　計	（ 849,930 ）		
期末商品棚卸高	（ 136,200 ）		
差　　　引	（ 713,730 ）		
商品評価損	（ 8,100 ）	（	721,830 ）
●（売　上　総）利益		（	1,235,270 ）
販売費及び一般管理費			
給　　　料	（ 728,990 ）		
●（退職給付費用）	（ 8,420 ）		
貸倒引当金繰入	（● 1,700 ）		
減価償却費	（● 65,870 ）		
水道光熱費	（ 178,400 ）		
修　繕　費	（ 7,840 ）	（	991,220 ）
営　業　利　益		（	244,050 ）
営　業　外　収　益			
有価証券利息	30		
有価証券運用益	（● 2,090 ）		
（仕　入　割　引）	（ 280 ）	（	2,400 ）
営　業　外　費　用			
社　債　利　息	（● 3,600 ）		
●（株　式　交　付　費）	（ 150 ）		
手　形　売　却　損	1,400	（	5,150 ）
経　常　利　益		（	241,300 ）
特　別　利　益			
●（保　険　差　益）	（ 980 ）	（	980 ）
特　別　損　失			
棚　卸　減　耗　費	（● 2,280 ）	（	2,280 ）
税引前当期純利益		（	240,000 ）
法　人　税　等			68,000
当　期　純　利　益		（	172,000 ）

第1問

本問は，『企業会計原則』の「第一　一般原則」及び「第三　貸借対照表原則」，さらに同注解4及び18からの一部抜粋である。1. では貸借対照表の記載内容について，2. では一般原則のうち保守主義の原則についての理解を問うている。3. では引当金の認識基準，さらに貸借対照表における表示についての理解を問うている。

第2問

1．支店間取引

支店分散計算制度を採用している場合には，それぞれの支店が各支店勘定を設けて仕訳を行う。したがって，支店間取引について，本店は「仕訳なし」である。

只見支店：	（借）二 本 松 支 店	740,000	（貸）仕	入	740,000
二本松支店：	（借）仕	入	740,000	（貸）只 見 支 店	740,000
本　　店：	（借）仕訳なし				

2．外貨建取引

外貨建取引では，取引時の外貨建金額をその時点の為替相場を用いて換算する。

内金の受領：	（借）当 座 預 金	186,200	（貸）前 受 金	186,200
商品の販売：	（借）前 受 金	186,200	（貸）売 上	1,988,000
	外 貨 建 売 掛 金	1,801,800		

手付金$1,400は，$1あたり￥133で換算した￥186,200を前受金勘定へ貸方記入する。その後，売価$14,000との差額$12,600は，$1あたり￥143で換算した￥1,801,800を外貨建売掛金勘定へ借方記入する。売上勘定には，これらの合計額￥1,988,000を貸方記入する。

3．所有権移転外ファイナンス・リース取引

(1) ファイナンス・リース取引を利子抜き法によって処理する場合，リース料総額から利息相当額を差し引いた金額を，リース資産及びリース債務として計上する。

契約締結時：	（借）リ ー ス 資 産	2,000,000	（貸）リ ー ス 債 務	2,000,000

リース料総額￥2,100,000（＝420,000×5年）から見積現金購入価額￥2,000,000を差し引くことで，利息相当額￥100,000を逆算することができる。

(2) ファイナンス・リース取引では，リース料支払時の会計処理について，はじめに利息分を計算し，リース料から利息分を差し引いた額をリース債務の返済に充てたと捉える。

なお，リース物件の所有権が移転しない場合，決算日には，リース期間を耐用年数とし，残存価額をゼロとした減価償却を行う。

リース料支払：	（借）支 払 利 息	20,000	（貸）当 座 預 金	420,000
	リ ー ス 債 務	400,000		
減価償却：	（借）減 価 償 却 費	400,000	（貸）リース資産減価償却累計額	400,000

4．剰余金の配当

会社法及び会社計算規則により，剰余金の配当を行う場合には，資本金の4分の1に達するまで，当該剰余金の配当により減少する剰余金の額に10分の1を乗じて得た額を準備金として計上しなければならない。

資本金1,400,000×1/4－（資本準備金200,000＋利益準備金120,000）

< 配当支払額500,000×1/10より，利益準備金積立額は¥30,000である。

株主総会：	（借）繰越利益剰余金	780,000	（貸）未 払 配 当 金	500,000
			利 益 準 備 金	30,000
			別 途 積 立 金	250,000

5．商品保証引当金

前期以前に販売した商品に係る修理費用を現金支出した場合には，かねて繰り入れていた額を限度として，商品保証引当金を取り崩すことで当期には費用を計上しない。

保証対応時：	（借）商 品 保 証 費 用	500,000	（貸）現 金	500,000
	（借）商 品 保 証 引 当 金	500,000	（貸）商 品 保 証 費 用	500,000

第3問

本問は，元帳の締め切りに際して，大陸式決算法を採用した場合の決算振替仕訳を問うている。大陸式決算法では，資産・負債・純資産の各勘定残高を閉鎖残高勘定へ振り替えることで，すべての勘定の貸借合計が一致し，勘定を締め切ることができる。

第4問

いわゆる「原価比例法」により決算日における工事進捗度を合理的に見積もることのできる長期請負工事について，工事収益及び工事原価の認識についての理解を問うている。本問では，とくに，工事原価総額の見積額を適時見直していることに留意されたい。

以下，工事進捗度の見積り及び工事利益の算定方法を示しておく（単位：千円）。

令和2年度：工事進捗度は，31.25%（＝2,500,000/8,000,000）。

工事収益3,750,000千円（＝12,000,000×31.25%）。

したがって，工事利益1,250,000千円（＝3,750,000－工事原価2,500,000）。

令和3年度：工事進捗度は，80%（＝{2,500,000＋4,700,000}/9,000,000）。

工事収益5,850,000千円（＝12,000,000×80%－過年度の工事収益累計額3,750,000）。

したがって，工事利益1,150,000千円（＝5,850,000－工事原価4,700,000）。

令和4年度：完成して顧客へ引き渡したので，工事進捗度は100%。

工事収益2,400,000千円（＝12,000,000－{3,750,000＋5,850,000}）。

したがって，工事利益△250,000千円（＝2,400,000－工事原価2,650,000）。

第5問

本問は，主として決算整理の処理及び財務諸表の作成能力を問うている。【問1】では貸借対照表の作成を，【問2】では損益計算書の作成を問うている。処理しなければならない分量が多いと感じるかもしれないが，出題した論点そのものは基本的な水準である。

以下，解答に必要な検討事項及び決算整理事項に関する仕訳を示しておく（単位：千円）。

〔資料2〕検討事項

1．当座預金勘定の整理

(1)連絡未通知：	（借）当 座 預 金	960	（貸）売 掛 金	960
(2)取付け未済：	（借）仕訳なし		（貸）	
(3)未 渡 し：	（借）当 座 預 金	720	（貸）未 払 金	720

〔資料1〕へ以上の仕訳を行うことで，財務諸表への計上額は次のように計算される。
　当 座 預 金：〔資料1〕1,105,910＋(1)960＋(2)720＝1,107,590千円。
　売 　掛 　金：〔資料1〕251,390−(1)960＝250,430千円。
　未 　払 　金：〔資料1〕5,660＋(3)720＝6,380千円。

2．仮払金勘定の整理
　(1) 法人税等の中間納付：〔資料3〕8．を参照のこと。
　(2) 消 費 税 の 仮 払：〔資料2〕8．を参照のこと。
　(3) 退 職 一 時 金：(借) 退職給付引当金　12,100　　(貸) 仮払金　12,100

3．仮受金勘定の整理
　(1) 消 費 税 の 仮 受：〔資料2〕8．を参照のこと。
　(2) 保 険 金 受 領：〔資料2〕4．を参照のこと。
　(3) 公 募 増 資：〔資料2〕5．を参照のこと。

4．火災未決算勘定の整理
　火災発生時：　(借) 建物減価償却累計額　43,680　　(貸) 建　　　　物　84,000
　　　　　　　　　　　火 災 未 決 算　40,320
　保険金受領：　(借) 当 座 預 金　41,300　　(貸) 仮 　受 　金　41,300
　修 正 仕 訳：　(借) 仮 　受 　金　41,300　　(貸) 火 災 未 決 算　40,320
　　　　　　　　　　　　　　　　　　　　　　　　　保 険 差 益　　980

5．公募増資
　株式発行時：　(借) 当 座 預 金 な ど　29,850　　(貸) 仮 　受 　金　29,850
　修 正 仕 訳：　(借) 仮 　受 　金　29,850　　(貸) 資 　本 　金　15,000
　　　　　　　　　　　株 式 交 付 費　150　　　　資 本 準 備 金　15,000
　〔資料1〕へ以上の仕訳を行うことで，財務諸表への計上額は次のように計算される。
　資 　　本 　　金：〔資料1〕150,000＋15,000＝165,000千円。
　資 本 準 備 金：〔資料1〕100,000＋15,000＝115,000千円。

6．給料勘定の整理
　誤った仕訳：　(借) 給 　　　　　料　6,800　　(貸) 当 座 預 金　6,800
　修 正 仕 訳：　(借) 預 　　り 　　金　6,800　　(貸) 給 　　　　　料　6,800
　〔資料1〕へ以上の仕訳を行うことで，財務諸表への計上額は次のように計算される。
　預 　　り 　　金：〔資料1〕29,120−6,800＝22,320千円。
　給 　　　　　料：〔資料1〕735,790−6,800＝728,990千円。

7．仕入勘定の整理
　修 正 仕 訳：　(借) 仕 　　　　　入　280　　(貸) 仕 　入 　割 　引　280
　〔資料1〕へ以上の仕訳を行うことで，財務諸表への計上額は次のように計算される。
　仕 　　　　　入：〔資料1〕748,120＋280＝748,400千円。

8．消費税の整理は，2級の出題範囲である。
　整 理 仕 訳：　(借) 仮 　受 　金　195,710　　(貸) 仮 　払 　金　113,180
　　　　　　　　　　　　　　　　　　　　　　　　　未 払 消 費 税　82,530

〔資料3〕 決算整理事項

1．貸倒引当金勘定の整理

　　期末の貸倒引当金は，(受取手形244,570＋売掛金250,430)×貸倒実績率1.2％＝5,940千円である。
したがって，差額補充法により，当期の引当金繰入額は，5,940－4,240＝1,700千円である。

　　　　決算整理：　（借）貸倒引当金繰入　　　1,700　　　（貸）貸倒引当金　　　　1,700

2．有価証券勘定の整理

　　解答に先立ち，〔資料1〕の有価証券勘定には，以下が混在していた点を確認してほしい。

・葛尾会社株式（売買目的有価証券）800株×56千円／株＝44,800千円。
・磐梯会社債券（売買目的有価証券）600口×48千円／口＝28,800千円。
・伊達銀行株式（その他有価証券）1,250株×60千円／株＝75,000千円。

　　したがって，〔資料1〕の有価証券勘定は，以下のように整理できる。

　　　　決算整理：　（借）売買目的有価証券　　　73,600　　　（貸）有価証券　　　148,600
　　　　　　　　　　　　その他有価証券　　　　75,000

◇　売買目的有価証券の期末評価

　　葛尾会社：　（借）売買目的有価証券　　　2,400　　　（貸）有価証券運用損益　　　2,400
　　磐梯会社：　（借）有価証券運用損益　　　　600　　　（貸）売買目的有価証券　　　　600

　　〔資料1〕へ以上の仕訳を行うことで，財務諸表への計上額は次のように計算される。

　　有　価　証　券：73,600＋（2,400－600）＝75,400千円。

　　有価証券運用損益：〔資料1〕290＋（2,400－600）＝2,090千円。

◇　その他有価証券の期末評価

　　その他有価証券は時価の変動そのものを目的として取得したわけではなく，評価差額を純資産の部の一項目として当期の損益計算とは区別している。なお，法人税務では時価評価を行わない。このため，期末の時価で評価替えを行った企業会計とは評価差額の分だけズレが生じる。

　　取得原価よりも値上がりしていた場合には，将来に（その時価で売却したと仮定して，売却益の分だけ）増加する税金の額を繰延税金負債として計上する。より厳密な解説は，上級に譲る。

　　　　時価評価：　（借）その他有価証券　　　2,500　　　（貸）その他有価証券評価差額金　　　2,500
　　　　税効果：　（借）その他有価証券評価差額金　　　700　　　（貸）繰延税金負債　　　　700

　　〔資料1〕へ以上の仕訳を行うことで，財務諸表への計上額は次のように計算される。

　　投資有価証券：75,000＋（2,500－700）＝76,800千円。

　　その他有価証券評価差額金：2,500－700＝1,800千円。

3．売上原価の算定，棚卸資産の期末評価

　　　　期首在庫分：　（借）売上原価　　　101,530　　　（貸）繰越商品　　　101,530
　　　　当期仕入分：　（借）売上原価　　　748,400　　　（貸）仕入　　　748,400
　　　　期末在庫分：　（借）繰越商品　　　136,200　　　（貸）売上原価　　　136,200
　　　　　　　　　　　（借）棚卸減耗費　　　2,280　　　（貸）繰越商品　　　10,380
　　　　　　　　　　　　　　商品評価損　　　8,100
　　　　　　　　　　　（借）売上原価　　　8,100　　　（貸）商品評価損　　　8,100

　　〔資料2〕7．で仕入勘定へ280千円を借方記入した点を忘れないこと。

　　〔資料1〕へ以上の仕訳を行うことで，財務諸表への計上額は次のように計算される。

　　商　　　品：136,200－10,380＝125,820千円。又は，

　　　　　　　　商品α（210千円×270個）＋商品β（540千円×128個）＝125,820千円。

４．有形固定資産の減価償却

　　本問では，残存価額をゼロとした減価償却について問うている。定額法償却率及び200%定率法の償却率は，各自で算定できるようになってほしい。

　　　決算整理：　（借）減 価 償 却 費　　65,870　　（貸）建物減価償却累計額　　27,760
　　　　　　　　　　　　　　　　　　　　　　　　　　　　　　備品減価償却累計額　　38,110

　〔資料１〕へ以上の仕訳を行うことで，財務諸表への計上額は次のように計算される。

　　建物減価償却累計額：〔資料１〕617,660＋27,760＝645,420千円。

　　備品減価償却累計額：〔資料１〕55,050＋38,110＝93,160千円。

５．水道光熱費勘定の整理

　　　決算整理：　（借）水 道 光 熱 費　　9,200　　（貸）未払水道光熱費　　9,200

　〔資料１〕へ以上の仕訳を行うことで，財務諸表への計上額は次のように計算される。

　　水 道 光 熱 費：〔資料１〕169,200＋9,200＝178,400千円。

６．退職給付引当金勘定の整理

　　　決算整理：　（借）退 職 給 付 費 用　　8,420　　（貸）退 職 給 付 引 当 金　　8,420

　〔資料１〕へ以上の仕訳を行うことで，財務諸表への計上額は次のように計算される。

　　退職給付引当金：〔資料１〕374,290－12,100＋8,420＝370,610千円。

　〔資料２〕２．で退職給付引当金勘定へ12,100千円を借方記入した点を忘れないこと。

７．社債勘定の整理

　　額面金額と発行価額との差額1.6円（100円につき）は，償還期限４年にわたり償却原価法（定額法）を月割り計算により適用する。したがって，１年毎に0.4円（３か月毎に0.1円）ずつ社債の帳簿価額を修正することになる。

　　額面金額200,000千円の社債については，令和元年10月１日から前期末（令和３年12月31日）まで２年３か月が経過しているため，前期末の償却原価は99.3円である。また，額面金額400,000千円の社債については，令和３年４月１日から前期末（令和３年12月31日）まで９か月が経過しているため，前期末の償却原価は98.7円である。

| 発 行 年 月 日 | 償却原価（円，額面金額100円につき） | | | | 額 面 金 額（千円） |
	発 行 日	前 期 末（R3.12.31）	当 期 末（R4.12.31）	償 還 日	
令和元年10月１日	98.4	99.3	99.7	100.0	200,000
令和３年４月１日	98.4	98.7	99.1	100.0	400,000

　　以上より，決算整理前残高試算表の社債勘定593,400千円の内訳は，次のとおりである。

　　　（令和元年発行分）200,000×99.3/100＝198,600千円。

　　　（令和３年発行分）400,000×98.7/100＝394,800千円。

　　はじめに，令和元年発行分に係る決算整理は，次のとおりである。

　　　償却原価：　（借）社 債 利 息　　800　　（貸）社　　債　　800

　　　見越計上：　（借）社 債 利 息　　100　　（貸）未 払 社 債 利 息　　100

　　つづいて，令和３年発行分に係る決算整理は，次のとおりである。

　　　償却原価：　（借）社 債 利 息　　1,600　　（貸）社　　債　　1,600

　　　見越計上：　（借）社 債 利 息　　200　　（貸）未 払 社 債 利 息　　200

　〔資料１〕へ以上の仕訳を行うことで，財務諸表への計上額は次のように計算される。

　　未 払 費 用：未払社債利息（100＋200）＋未払水道光熱費9,200＝9,500千円。

　　１年以内償還社債：198,600＋800＝199,400千円。又は，200,000×99.7/100＝199,400千円。

社　　　　　　債：394,800＋1,600＝396,400千円。又は，400,000×99.1/100＝396,400千円。
社 債 利 息：〔資料1〕900＋（800＋100＋1,600＋200）＝3,600千円。

8．法人税等
　　決 算 整 理：　（借）法 人 税 等　　　68,000　　（貸）仮　　　払　　　金　　　25,400
　　　　　　　　　　　　　　　　　　　　　　　　　　　　　　未 払 法 人 税 等　　　42,600

第210回簿記能力検定試験
1級 商業簿記・会計学 解 答

制限時間
【1時間30分】

第1問 （20点）

@2点×10＝20点

ア	イ	ウ	エ	オ	カ	キ	ク	ケ	コ
3	12	18	5	16	20	10	1	4	14

第2問 （24点）

@4点×6＝24点

	借 方 科 目	金 額	貸 方 科 目	金 額
1	不 渡 手 形 保 証 債 務	2,481,000 22,050	当 座 預 金 保 証 債 務 取 崩 益	2,481,000 22,050
2	社 債 利 息	390,000	普 通 預 金 社 債	300,000 90,000
3	資 本 金	20,000,000	繰 越 利 益 剰 余 金 資 本 金 減 少 差 益	16,750,000 3,250,000
4	建物減価償却累計額 火 災 未 決 算	3,416,000 40,174,000	建 物 商 品	42,700,000 890,000
5	飛 騨 支 店	718,000	越 後 支 店	718,000
6	外 貨 建 買 掛 金	4,454,000	普 通 預 金 為 替 差 損 益	4,352,000 102,000

第3問（12点）

@2点×6＝12点

（単位：千円）

①	②	③	④
50,000	25,000	1,000	1,200

⑤	⑥
12,000	11,800

第4問（10点）

●印@2点×5＝10点

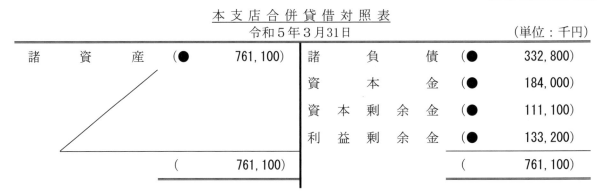

本 支 店 合 併 貸 借 対 照 表
令和5年3月31日　　　　　　（単位：千円）

諸　資　産	（●　761,100）	諸　　負　　債	（●　332,800）
		資　　本　　金	（●　184,000）
		資　本　剰　余　金	（●　111,100）
		利　益　剰　余　金	（●　133,200）
	（　761,100）		（　761,100）

第5問（34点）

●印@2点×17＝34点

【問1】

（1）現金預金　　　　●　167,107　千円

（2）有価証券　　　　●　46,840　千円

（3）商品　　　　　　●　53,680　千円

（4）のれん　　　　　●　5,520　千円

【問2】　　　　　　　　　　　　　　　　　　　　　　　　（単位：千円）

負　債　の　部	金　　　額
流　動　負　債	
支　払　手　形	50,000
買　　掛　　金	(● 115,160)
未　払　費　用	(● 240)
未　払　法　人　税　等	(● 47,490)
（未　払　消　費　税）　—●—	(50,240)
1年以内返済長期借入金	(4,000)
流　動　負　債　合　計	(267,130)
固　　定　　負　　債	
長　期　借　入　金	(● 76,000)
退　職　給　付　引　当　金	(● 38,400)
固　定　負　債　合　計	(114,400)
負　債　合　計	(381,530)
純　資　産　の　部	
株　　主　　資　　本	
資　　本　　金	(● 201,650)
資　本　剰　余　金	
資　本　準　備　金	(57,650)
利　益　剰　余　金	
利　益　準　備　金	20,000
繰　越　利　益　剰　余　金	(256,960)
利　益　剰　余　金　合　計	(276,960)
株　主　資　本　合　計	(536,260)
純　資　産　合　計	(536,260)
負　債　・　純　資　産　合　計	(917,790)

注　「未払消費税」は「未払消費税等」でもよい。

【問3】

損 益 計 算 書

奥羽物産㈱　　　令和4年4月1日〜令和5年3月31日　　　（単位：千円）

売　上　高			1,196,000
売　上　原　価			
期首商品棚卸高	47,600		
当期商品仕入高	683,800		
合　　計	731,400		
期末商品棚卸高	(● 56,000)		
差　　引	(675,400)		
棚卸減耗費	(1,600)		
商品評価損	(● 720)	(677,720)	
売上総利益		(518,280)	
販売費及び一般管理費			
給料手当	141,000		
退職給付費用	(2,800)		
貸倒引当金繰入	(● 1,522)		
旅費交通費	10,180		
水道光熱費	5,420		
減価償却費	(● 49,250)		
保険料	(● 2,800)		
（のれん償却）	(920)		
雑　費	1,713	(215,605)	
営業利益		(302,675)	
営業外収益			
受取配当金	410		
有価証券利息	(● 75)	(485)	
営業外費用			
支払利息	(240)		
（有価証券評価損）	(2,620)	(2,860)	
税引前当期純利益		(300,300)	
法人税等		(90,090)	
当期純利益		(210,210)	

第1問

　本問の問題文は，『企業会計原則』の「第一　一般原則四」，『企業会計原則注解』の【注1-2】【1-3】からの一部抜粋である。１．では一般原則のうち明瞭性の原則について，２．では重要な会計方針の開示について，３．では重要な後発事象の開示についての理解を問うている。

1．企業会計は，（ ア 財務諸表 ）によって，（ イ 利害関係者 ）に対し必要な会計事実を（ ウ 明瞭 ）に表示し，企業の状況に関する（ エ 判断 ）を誤らせないようにしなければならない。

2．（ ア 財務諸表 ）には，重要な会計方針を（ オ 注記 ）しなければならない。会計方針とは，企業が（ カ 損益計算書 ）及び貸借対照表の作成に当たって，その（ キ 財政状態 ）及び経営成績を正しく示すために採用した会計処理の原則及び手続並びに（ ク 表示の方法 ）をいう。

3．（ ア 財務諸表 ）には，（ カ 損益計算書 ）及び貸借対照表を作成する日までに発生した重要な（ ケ 後発事象 ）を（ オ 注記 ）しなければならない。（ ケ 後発事象 ）とは，貸借対照表日後に発生した事象で，次期以後の（ キ 財政状態 ）及び経営成績に（ コ 影響 ）を及ぼすものをいう。

第2問

1．約束手形の不渡

　裏書譲渡していた約束手形が不渡りとなったため，手形遡求義務により手形金額と諸費用を当座預金口座から支払った。

　　　（借）不 渡 手 形　　2,481,000　　（貸）当 座 預 金　　2,481,000
　なお，時価で計上されていた保証債務を取り崩すこととなる。

　　　（借）保 証 債 務　　　　22,050　　（貸）保 証 債 務 取 崩 益　　　22,050

2．社債の償却原価法による評価

　社債の利払日における利息の支払いと決算日における償却原価法による評価の仕訳を問うている。まずクーポン利息は10/1～3/31までの6ヵ月分¥300,000（＝50,000,000×1.2%÷2）を普通預金から支払った。

　　　（借）社 債 利 息　　　300,000　　（貸）普 通 預 金　　　300,000
　償却原価法（定額法）とは，取得原価と額面金額との差額を償還期に至るまで均等額を取得価額に加算する方法であるから，当該差額¥900,000（＝50,000,000－98.2×500,000）を償還期限5年で割り，6ヵ月分に直した¥90,000を社債勘定の貸方に計上するとともに，社債利息を計上する。

　　　（借）社 債 利 息　　　　90,000　　（貸）社 　 　 債　　　90,000

3．資本金による欠損てん補

　欠損をてん補するため資本金を充当する場合の仕訳を問うている。資本金をてん補して余った額¥3,250,000（＝20,000,000－16,750,000）については，資本金減少差益勘定（その他資本剰余金）で処理する。

　　　（借）資 　 本 　 金　　20,000,000　　（貸）繰 越 利 益 剰 余 金　　16,750,000
　　　　　　　　　　　　　　　　　　　　　　　　資 本 金 減 少 差 益　　 3,250,000

4．火災保険金の請求

　火災により建物と商品が焼失し、保険金を請求した場合の仕訳を問うている。焼失した建物¥39,284,000（＝42,700,000－3,416,000）と商品¥890,000の減額処理を行うと、保険金請求額¥40,174,000が計算され、火災未決算勘定で処理する。

　　　（借）建物減価償却累計額　　 3,416,000　　（貸）建 　 　 物　　42,700,000
　　　　　　火 災 未 決 算　　40,174,000　　　　　商 　 　 品　　　890,000

5．本店集中計算制度

　　支店相互間の商品売買取引について，その債権債務を本店の帳簿に記録する本店集中計算制度の仕訳を問うている。本店を通して取引が行われると仮定するため，まず越後支店が本店に商品を発送すると，越後支店の仕訳は以下のとおりである。

　　　（借）本　　　　　店　　　718,000　　（貸）仕　　　　　　入　　　718,000

　　本店はこの連絡を受けると，次の仕訳が行われる。

　　　（借）仕　　　　　入　　　718,000　　（貸）**越　後　支　店**　　　**718,000**
　　　（借）**飛　驒　支　店**　　　**718,000**　　（貸）仕　　　　　入　　　718,000

　　実際に商品の受払いは行われていないため，貸借の仕入勘定は相殺され，債権・債務の関係だけが残ることになる。参考までに飛驒支店における商品到着時の仕訳は以下のとおりである。

　　　（借）仕　　　　　入　　　718,000　　（貸）本　　　　　店　　　718,000

6．外貨建買掛金の決済

　　海外からの商品仕入代金（外貨建買掛金）を支払った場合の仕訳を問うている。外貨建買掛金 $34,000（＝50,000－16,000）は商品仕入時の為替レート（$1＝¥131）で円換算されて¥4,454,000 が記帳されている。ただし、当該外貨建買掛金が支払われる際には支払時の為替レート（$1＝¥128）で円換算された額¥4,352,000が普通預金から減額されることに留意する。仕入時と支払時の為替レートの変動差額は「為替差損益」勘定で処理する。

　　　（借）外 貨 建 買 掛 金　　　4,454,000　　（貸）普　通　預　金　　　4,352,000
　　　　　　　　　　　　　　　　　　　　　　　　　為　替　差　損　益　　　102,000

第3問

　　本問は財務諸表の一つである「株主資本等変動計算書」を作成する問題である。〔資料〕に示された事項を仕訳（金額単位：千円）で示してから、関係する純資産項目へ記入すると正確に完成させることができる。

1．定時株主総会の決議事項

　　(1)は剰余金の配当を行っているが，資本準備金と利益準備金の合計額がすでに資本金の4分の1に達しているため利益準備金の積立ては必要ない。(2)は新築積立金を増加させる。

　　　（借）繰 越 利 益 剰 余 金　　　4,700　　（貸）未 払 配 当 金　　　3,000
　　　　　　　　　　　　　　　　　　　　　　　　　新 築 積 立 金　　　1,700

2．新株の発行

　　新株式10,000株を1株につき2千円で発行し，その2分の1は資本金に組み入れ，残額は資本準備金とする。株式交付費を当座預金より支払っているが，純資産項目はないので株主資本等変動計算書には記載されない。

　　　（借）当　座　預　金　　　20,000　　（貸）資　　本　　金　　　10,000
　　　　　　　　　　　　　　　　　　　　　　　　　資　本　準　備　金　　　10,000
　　　（借）株　式　交　付　費　　　600　　（貸）当　座　預　金　　　600

3．当期純利益の計上

　　当期純利益の計上は損益勘定から繰越利益剰余金勘定への決算振替仕訳を示しておく。

　　　（借）損　　　　　益　　　6,800　　（貸）繰 越 利 益 剰 余 金　　　6,800

　　次に，上記仕訳の勘定科目に関係する純資産項目へ記入して株主資本等変動計算書を完成する。

自令和4年4月1日　至令和5年3月31日　　　　　　　　（単位：千円）

		株　主　資　本					
		資本剰余金		利益剰余金			株主資本合計
	資本金	資本準備金	その他資本剰余金	利益準備金	その他利益剰余金		
					新築積立金	繰越利益剰余金	
当 期 首 残 高	40,000	15,000	1,000	1,200	10,300	9,700	77,200
当 期 変 動 額							
新 株 の 発 行	10,000	10,000					20,000
剰余金の配当						△3,000	△3,000
新築積立金の積立					1,700	△1,700	0
当 期 純 利 益						6,800	6,800
当 期 変 動 額 合 計	10,000	10,000	0	0	1,700	2,100	23,800
当 期 末 残 高	50,000	25,000	1,000	1,200	12,000	11,800	101,000

第4問

　本問は本店から独立した支店会計を本店と合算し，本支店合併貸借対照表を作成する問題である。まず，未達事項を整理し，次に本店と支店の資産，負債・純資産をそれぞれ合算した後，本店勘定と支店勘定の金額を相殺消去する。

1．未達事項の整理〈支店帳簿上〉

　　　（借）諸　　資　　産　　　　640　　　（貸）本　　　　　　店　　　　　640

2．本支店の資産，負債・純資産の合算

　　本支店の合算手続きは，本支店合併精算表上で行われるが，ここでは精算表を省略する。

3．本店勘定・支店勘定の相殺消去〈合併精算表上〉

　　本支店合併貸借対照表を作成するためには，本支店間の債権・債務（投資と資本）を相殺する必要がある。ただし，帳簿上から除去するわけにはいかないため，精算表上で相殺消去する。本店勘定と支店勘定は未達整理後136,200千円で一致することに留意する。

　　　（借）本　　　　　　店　　136,200　　　（貸）支　　　　　　店　　　136,200

　　以上の仕訳を未達整理前の貸借対照表に反映させると解答の本支店合併貸借対照表が出来上がる。

第5問

　本問は，主として決算整理の処理及び財務諸表の作成能力を問うている。【問1】では，貸借対照表における資産の部から一部の科目の金額を問うている。【問2】では，貸借対照表における負債及び純資産の部の作成を問うている。「未払法人税等」と「繰越利益剰余金」の金額は，〔問3〕の損益計算書を完成してから求めたほうがよい。【問3】では損益計算書の作成を問うている。売上原価の内訳科目として表示する「棚卸減耗費」と「商品評価損」の金額は「差引」の金額に加算しなければならない。

　以下，検討事項と決算整理事項に関わる仕訳（決算整理仕訳等）を示しておく。なお，仕訳金額は便宜上，千円単位で表している。

〔資料2〕検討事項

1．銀行口座残高の照合

　　(1)は売掛金の回収として当座預金を増額処理する。(2)は営業時間外預入れであり、帳簿残高の修正は必要ない。(3)の未渡小切手は買掛金の修正として当座預金を増額処理する。

　　　（借）当　座　預　金　　　　1,000　　　（貸）売　　掛　　金　　　　1,000

　　　（借）当　座　預　金　　　　　660　　　（貸）買　　掛　　金　　　　　660

2．仮払金勘定の整理

　　仮払金は支出時に本来処理すべきであった勘定科目へ振り替える。(1)は仮払消費税，(2)は仮払法人税等，(3)は退職給付引当金，(4)は買掛金で処理をする。

　　　　（借）仮　払　消　費　税　　　65,300　　（貸）仮　　　払　　　金　　　118,400
　　　　　　　仮　払　法　人　税　等　　42,600
　　　　　　　退　職　給　付　引　当　金　1,600
　　　　　　　買　　　掛　　　金　　　　8,900

3．仮受金勘定の整理

　　仮受金は収入時に本来処理すべきであった勘定科目へ振り替える。(1)は仮受消費税，(2)は資本金・資本準備金，(3)は売掛金で処理する。

　　　　（借）仮　　　受　　　金　　　119,340　　（貸）仮　受　消　費　税　　　115,540
　　　　　　　　　　　　　　　　　　　　　　　　　　　資　　　本　　　金　　　　1,650
　　　　　　　　　　　　　　　　　　　　　　　　　　　資　本　準　備　金　　　　1,650
　　　　　　　　　　　　　　　　　　　　　　　　　　　売　　　掛　　　金　　　　　500

4．消費税の整理

　　消費者から預かった仮受消費税115,540千円と当社が支払った仮払消費税65,300千円を相殺し消費税の納税額50,240千円を未払法人税等として計上する。

　　　　（借）仮　受　消　費　税　　　115,540　　（貸）仮　払　消　費　税　　　65,300
　　　　　　　　　　　　　　　　　　　　　　　　　　　未　払　消　費　税　等　　50,240

〔資料3〕決算整理事項

1．貸倒引当金の設定

　　売上債権198,500千円（＝受取手形104,000＋売掛金96,000－1,000－500）に対して1.2%の貸倒引当金2,382千円を設定するため，貸倒引当金残高860千円との差額1,522千円を繰り入れる。

　　　　（借）貸　倒　引　当　金　繰　入　1,522　　（貸）貸　倒　引　当　金　　　1,522

2．有価証券の整理と評価

　　保有目的に従って有価証券勘定から適切な勘定へ振り替える。

　　　　（借）売　買　目　的　有　価　証　券　49,460　　（貸）有　　価　　証　　券　　64,160
　　　　　　　満　期　保　有　目　的　債　券　14,700

　　売買目的有価証券は取得原価49,460千円（＝7,300×6.2＋1,000×4.2）から時価46,840千円（＝7,300×5.8＋1,000×4.5）まで2,620千円（49,460－46,840）の有価証券評価損を計上する。

　　　　（借）有　価　証　券　評　価　損　2,620　　（貸）売　買　目　的　有　価　証　券　2,620

　　満期保有目的債券は償却原価法により75千円（＝0.5×150）の有価証券利息を加算する。

　　　　（借）満　期　保　有　目　的　債　券　75　　（貸）有　価　証　券　利　息　　75

3．売上原価の算定と期末商品価額の確定

　　ここでは仕入勘定をもって売上原価勘定の代用とする決算整理仕訳を行う。まず仕入勘定の借方に期首商品金額47,600千円（＝前T/B繰越商品）を振替え，期末商品帳簿棚卸高56,000千円（＝20×2,800個）を仕入勘定の貸方へ記入するとともに繰越商品勘定へ振り替える。

　　　　（借）仕　　　　　入　　　47,600　　（貸）繰　越　商　品　　　47,600
　　　　（借）繰　越　商　品　　　56,000　　（貸）仕　　　　　入　　　56,000

　　次に期末商品価額を確定する。期末商品帳簿棚卸高56,000千円より棚卸減耗費1,600千円（＝20×80個）と商品評価損720千円（＝8×90個）が差し引かれ，53,680千円が期末商品価額として確定する。

　　　　（借）棚　卸　減　耗　費　　　1,600　　（貸）繰　越　商　品　　　2,320
　　　　　　　商　品　評　価　損　　　　720

4．減価償却費の計上

　建物の減価償却費の計算は以下のとおり。

　420,000÷30年＝14,000

　備品の減価償却費の計算は以下のとおり。

　(188,000−47,000)×0.25＝35,250

　減価償却費計上の仕訳は次のとおり。

　　　（借）減　価　償　却　費　　　　49,250　　（貸）建物減価償却累計額　　　　14,000
　　　　　　　　　　　　　　　　　　　　　　　　　　　備品減価償却累計額　　　　35,250

5．のれんの償却

　のれんは令和3年4月1日に計上したもので，前期末まで1年分償却済みであるため，当期首残高6,440千円（＝前T/Bのれん）を残存償却年数7年で除して，当期償却額920千円（＝6,440÷7年）が求められる。

　　　（借）の　れ　ん　償　却　　　　　920　　（貸）の　　れ　　ん　　　　　　920

6．退職給付費用の計上

　退職給付引当金の繰入は退職給付費用として計上する。

　　　（借）退　職　給　付　費　用　　　2,800　　（貸）退　職　給　付　引　当　金　　2,800

7．未払利息の計上

　長期借入金は令和5年2月1日に借入れたもので，当期末（令和5年3月31日）までに2ヵ月間が経過している。よって，2ヵ月分の支払利息240千円（＝80,000×1.8％×2ヵ月÷12ヵ月）が未払いのままとなっている。そこで，支払利息について未払費用の計上が必要となる。

　　　（借）支　払　利　息　　　　　　240　　（貸）未　払　費　用　　　　　　240

　長期借入金の貸借対照表表示については，一年基準の適用により，令和6年1月31日の第1回返済分4,000千円は流動負債に「1年以内返済長期借入金」として表示され，残額の76,000千円については固定負債に「長期借入金」として表示されることに留意する。

8．長期前払費用の計上

　保険料16,800千円は令和4年10月1日に向こう3年分支払われたもので，次期に保険期間が経過する2年6ヵ月分が前払費用となる。そのうち，1年基準により流動資産に前払費用となるものが1年分で5,600千円（＝16,800÷3年）となり，固定資産に長期前払費用となるものが1年6ヵ月分で8,400千円（＝5,600×1.5年）となる。

　　　（借）前　払　費　用　　　　　5,600　　（貸）保　　　険　　　料　　　14,000
　　　　　　長　期　前　払　費　用　　8,400

9．当期の法人税等の計上

　ここまでの決算整理仕訳から損益計算書の税引前当期純利益までを作成し，そこで算出された税引前当期純利益300,300千円に30％を乗じた90,090千円が法人税等として計上する。そのうち，42,600千円は仮払法人税等として支払済みであることに留意しなければならない。

　　　（借）法　人　税　等　　　　90,090　　（貸）仮　払　法　人　税　等　　42,600
　　　　　　　　　　　　　　　　　　　　　　　　　　未　払　法　人　税　等　　47,490

(単位：千円)

資 産 の 部	金 額
流 動 資 産	
現 金 及 び 預 金	167,107
受 取 手 形	104,000
売 掛 金	94,500
貸 倒 引 当 金	△2,382
有 価 証 券	46,840
商 品	53,680
前 払 費 用	5,600
流 動 資 産 合 計	469,345
固 定 資 産	
建 物	420,000
減 価 償 却 累 計 額	△146,000
備 品	188,000
減 価 償 却 累 計 額	△82,250
土 地	40,000
の れ ん	5,520
長 期 前 払 費 用	8,400
投 資 有 価 証 券	14,775
固 定 資 産 合 計	448,445
資 産 合 計	917,790

第211回簿記能力検定試験

1級 商業簿記・会計学 解答

制限時間
【1時間30分】

第1問 (20点)

@2点×10＝20点

ア	イ	ウ	エ	オ	カ	キ	ク	ケ	コ
15	9	17	18	1	16	19	10	12	4

第2問 (24点)

@4点×6＝24点

	借 方 科 目	金 額	貸 方 科 目	金 額
1 (1)	仕 入	720,000	本 店	720,000
1 (2)	仕 訳 な し			
2	機 械 装 置 支 払 利 息	5,250,000 200,000	営 業 外 支 払 手 形 資 産 除 去 債 務	5,000,000 450,000
3	建 物 修 繕 引 当 金 修 繕 費	1,200,000 1,100,000 700,000	当 座 預 金	3,000,000
4	繰 延 税 金 資 産 その他有価証券評価差額金	105,000 245,000	そ の 他 有 価 証 券	350,000
5	新 株 式 申 込 証 拠 金 当 座 預 金 株 式 交 付 費	2,970,000 2,970,000 85,000	資 本 金 資 本 準 備 金 別 段 預 金 現 金	1,485,000 1,485,000 2,970,000 85,000

第3問（8点）　　　　　　　　　　　　　　　　　　　　　　　●印＠2点×4＝8点

銀 行 勘 定 調 整 表　　　　　　　　（単位：円）

当座預金勘定残高	629,000	残高証明書残高	755,000
（加　算）		（加　算）	
●〔未 渡 小 切 手〕（ 114,000 ）		●〔時 間 外 預 入〕（ 126,000 ）	
〔　　　　　　　〕（　　　　　）		〔　　　　　　　〕（　　　　　）	
（減　算）		（減　算）	
〔　　　　　　　〕（　　　　　）		●〔未 取 付 小 切 手〕（ 138,000 ）	
●（ 743,000 ）		（ 743,000 ）	

第4問（10点）　　　　　　　　　　　　　　　　　　　　　　　●印＠2点×5＝10点

連 結 精 算 表

令和4年10月1日　　　　　　　　　　　　　　　（単位：千円）

勘 定 科 目	大衡株式会社 借 方	大衡株式会社 貸 方	丸森株式会社 借 方	丸森株式会社 貸 方	修 正 消 去 借 方	修 正 消 去 貸 方	連結貸借対照表 借 方	連結貸借対照表 貸 方
諸　資　産	732,000		580,000		2,000		●1,314,000	
子 会 社 株 式	168,000					168,000		
諸　負　債		258,000		330,000				588,000
資　本　金		430,000		110,000	110,000			●430,000
利 益 剰 余 金		212,000		140,000	140,000			212,000
評 価 差 額					2,000	2,000		
の　れ　ん					●16,800		16,800	
●（非支配株主持分）						●100,800		100,800
	900,000	900,000	580,000	580,000	270,800	270,800	1,330,800	1,330,800

第5問（38点）　　　　　　　　　　　　　　　　　　　　　　　●印＠2点×19＝38点

【問1】

(1) 商　品　券　　　●　289,390　千円

(2) 退 職 給 付 引 当 金　　　●　516,560　千円

(3) その他資本剰余金　　　●　47,400　千円

【問2】

貸　借　対　照　表

松島株式会社　　　　　　　　令和5年3月31日　　　　　　（単位：千円）

資　産　の　部		金　　額	
流　動　資　産			
現　金　預　金		（●　293,350　）	
受　取　手　形	（　284,400　）		
売　　掛　　金	315,600		
貸　倒　引　当　金	△（　9,000　）	（●　591,000　）	
有　価　証　券		（●　23,600　）	
●（　商　　　　品　）		（　121,040　）	
前　払　費　用		（　4,800　）	
未　収　収　益		（　60　）	
流　動　資　産　合　計		（　1,033,850　）	
固　定　資　産			
有　形　固　定　資　産			
建　　　　物	1,320,000		
減　価　償　却　累　計　額	△（　1,171,500　）	（　148,500　）	
備　　　　品	1,728,000		
減　価　償　却　累　計　額	△（　816,750　）	（●　911,250　）	
有　形　固　定　資　産　合　計		（　1,059,750　）	
投　資　そ　の　他　の　資　産			
投　資　有　価　証　券		（●　78,375　）	
長　期　前　払　費　用		（●　8,400　）	
投　資　そ　の　他　の　資　産　合　計		（　86,775　）	
固　定　資　産　合　計		（　1,146,525　）	
（●　繰　延　）資　産			
開　　発　　費		（●　42,500　）	
（　繰　延　）資　産　合　計		（　42,500　）	
資　産　合　計		（　2,222,875　）	

【問3】

損　益　計　算　書

松島株式会社　　自令和4年4月1日　至令和5年3月31日　　（単位：千円）

売　上　高			（　1,927,810　）
売　上　原　価			
期首商品棚卸高		122,760	
当期商品仕入高	（●	1,024,990　）	
合　　計	（	1,147,750　）	
期末商品棚卸高	（	130,440　）	
差　　引	（	1,017,310　）	
商品評価損	（	5,400　）	（　1,022,710　）
売　上　総　利　益			（　905,100　）
販売費及び一般管理費			
貸倒引当金繰入	（	1,080　）	
給　　料	（●	350,960　）	
●（退職給付費用）	（	3,160　）	
水道光熱費	（	12,390　）	
支払地代		67,495	
減価償却費	（	369,750　）	
保険料	（	1,200　）	
開発費償却	（	30,000　）	（　836,035　）
（営　業）利益			（　69,065　）
営業外収益			
有価証券利息	（●	555　）	
有価証券運用益	（	960　）	
仕入（割引）	（	590　）	
●（雑　　益）	（	10　）	（　2,115　）
営業外費用			
●（手形売却損）	（	700　）	
支払利息	（	480　）	（　1,180　）
（● 経常）利益			（　70,000　）
特別損失			
棚卸減耗費	（	4,000　）	（　4,000　）
税引前当期純利益			（　66,000　）
法人税等		13,500	
当期純利益			（　52,500　）

第1問

　本問は，『企業会計原則』の「第一　一般原則」，同注解1，1－2及び3からの一部抜粋である。1.では一般原則のうち明瞭性の原則及び継続性の原則について，2.では重要な会計方針の開示についての理解を問うている。3.では重要性の原則の適用についての理解を問うている。

第2問

1．支店間取引

　（1）　本店集中計算制度を採用した場合には，支店間で行われた取引もいったん本店を経由したかのように捉えて仕訳を行う。

岩 沼 支 店：	（借）	本　　　　店	720,000	（貸）	仕　　　　入	720,000
女 川 支 店：	（借）	仕　　　　入	720,000	（貸）	本　　　　店	720,000
仙 台 本 店：	（借）	女 川 支 店	720,000	（貸）	岩 沼 支 店	720,000

　本店の仕訳は，次の2本の仕訳のように分解すると理解しやすくなるだろう。

| 岩沼支店から受入： | ~~（借）~~ | ~~仕～～～～入~~ | ~~720,000~~ | （貸） | 岩 沼 支 店 | 720,000 |
| 女川支店へ引渡： | （借） | 女 川 支 店 | 720,000 | ~~（貸）~~ | ~~仕～～～～入~~ | ~~720,000~~ |

　（2）　支店分散計算制度を採用した場合には，それぞれの支店が各支店勘定を設けて仕訳を行う。したがって，支店間取引について，本店は「仕訳なし」である。

| 岩 沼 支 店： | （借） | 女 川 支 店 | 720,000 | （貸） | 仕　　　　入 | 720,000 |
| 女 川 支 店： | （借） | 仕　　　　入 | 720,000 | （貸） | 岩 沼 支 店 | 720,000 |

2．有形固定資産の割賦購入及び資産除去債務

　機械装置の取得原価は現金購入価額￥4,800,000となり，支払総額￥5,000,000との差額￥200,000は利息分である。資産除去債務はその発生時に負債として計上し，同額を有形固定資産の帳簿価額に加える。詳しい計算は上級の出題範囲であるが，将来の除去時に支払うと見積られる額の割引価値￥450,000を計上する。したがって，機械装置の帳簿価額は￥5,250,000がある。

| 資産除去債務の発生： | （借） | 建　　　　物 | 5,250,000 | （貸） | 営業外支払手形 | 5,000,000 |
| | | 支 払 利 息 | 200,000 | | 資 産 除 去 債 務 | 450,000 |

3．資本的支出及び収益的支出

　耐震補強工事にかかった支出は，建物の増加として処理する。定期的な修繕は修繕費として処理するが，過年度に修繕引当金に繰り入れていた分だけ当期の費用は抑えられる。

定期的な修繕：	（借）	修 　繕 　費	1,800,000	（貸）	当 座 預 金	1,800,000
引当金の充当：	（借）	修 繕 引 当 金	1,100,000	（貸）	修 　繕 　費	1,100,000
耐震補強工事：	（借）	建　　　　物	1,200,000	（貸）	当 座 預 金	1,200,000

4．その他有価証券の期末評価

　その他有価証券は時価の変動そのものを目的として取得したわけではなく，評価差額を純資産の部の一項目として当期の損益計算とは区別している。なお，法人税法では時価評価を行わない。このため，期末の時価で評価替えを行った企業会計とは評価差額の分だけズレが生じる。

取得原価よりも値下がりしていた場合には，将来に（その時価で売却したと仮定して，売却損の分だけ）減少する税金の額を繰延税金資産として計上する。より厳密な解説は，上級に譲る。

有価証券の時価評価：	（借）	その他有価証券評価差額金	350,000	（貸）	その他有価証券	350,000
税効果会計の適用：	（借）	繰 延 税 金 資 産	105,000	（貸）	その他有価証券評価差額金	105,000

5．増資

払込期間中に処理していた別段預金勘定や新株式申込証拠金勘定は，払込期日となってから当座預金勘定や資本金勘定（及び資本準備金勘定）へ振り替える。

申込証拠金の振替：	（借）	新株式申込証拠金	2,970,000	（貸）	資 本 金	1,485,000
					資 本 準 備 金	1,485,000
別段預金の振替：	（借）	当 座 預 金	2,970,000	（貸）	別 段 預 金	2,970,000
証券会社への手数料：	（借）	株 式 交 付 費	85,000	（貸）	現 金	85,000

第3問

本問は，銀行勘定調整表についての理解を問うている。具体的には，未渡小切手と未取付小切手について，当社が当座預金勘定を減少させるタイミングと，取引銀行における残高が減少するタイミングとを，的確に理解しておく必要がある。

(1)未 渡 し：	（借）	当 座 預 金	114,000	（貸）	未 払 金	114,000
(2)取付け未済：	（借）	仕訳なし		（貸）		
(3)時間外預入：	（借）	仕訳なし		（貸）		

銀 行 勘 定 調 整 表　　　　　　　　（単位：円）

当 座 預 金 勘 定 残 高	629,000	残 高 証 明 書 残 高	755,000
（加　算）		（加　算）	
〔 未 渡 小 切 手 〕	（ 114,000 ）	〔 時 間 外 預 入 〕	（ 126,000 ）
（減　算）		（減　算）	
〔　　　　　　　　〕	（　　　　　）	〔 未 取 付 小 切 手 〕	（ 138,000 ）
	（ 743,000 ）		（ 743,000 ）

第4問

本問は，親会社の投資と子会社の資本との相殺消去を行った結果，のれんが発生する基本的な出題である。支配獲得日には，子会社の資産及び負債について時価へ評価替えす処理を忘れないこと。

連結精算表において行う連結修正は，以下のように示すことができる。

子会社資産の時価評価：	（借）	土 地	2,000	（貸）	評 価 差 額	2,000
投資と資本との相殺消去：	（借）	資 本 金	110,000	（貸）	子 会 社 株 式	168,000
		利 益 剰 余 金	140,000		非支配株主持分	100,800
		評 価 差 額	2,000			
		の れ ん	16,800			

の れ ん：168,000－（110,000＋140,000＋2,000）×60％＝－¥16,800（借方）

非支配株主持分：（110,000＋140,000＋2,000）×40％＝¥100,800

第5問
　本問は，主として決算整理の処理及び財務諸表の作成能力を問うている。【問1】では，負債及び純資産の部から3つの項目の金額を問うている。正答に辿り着くために，与えられた〔資料〕や答案用紙を広く見渡す習慣をつけてほしい。【問2】では貸借対照表の作成を，【問3】では損益計算書の作成を問うている。処理しなければならない分量が多いと感じるかもしれないが，出題した論点そのものは基本的な水準である。
　以下，解答に必要な検討事項及び決算整理事項に関する仕訳を示しておく（単位：千円）。

〔資料2〕検討事項
1．現金過不足勘定の整理
　　誤記入の訂正：（借）　水 道 光 熱 費　　　　　　　90　（貸）　現 金 過 不 足　　　　　80
　　　　　　　　　　　　　　　　　　　　　　　　　　　　　　　　雑　　　　　益　　　　　　10
　　〔資料1〕へ以上の仕訳を行うことで，財務諸表への計上額は次のように計算される。
　　　　水 道 光 熱 費：〔資料1〕12,300＋90＝12,390 千円。

2．仮払金勘定の整理
　　(1) 法人税等の中間納付：　　　　〔資料3〕9．を参照のこと。
　　(2) 消費税の仮払：　　　　　　　〔資料2〕9．を参照のこと。
　　(3) 退職一時金の支払：
　　　　　　　　　　　　　（借）　退職給付引当金　　　3,800　（貸）　仮　　払　　金　　　3,800
　　(4) その他資本剰余金の配当：
　　　　　　　　　　　　　（借）　資本準備金減少差益　2,600　（貸）　仮　　払　　金　　　2,600
　　(5) 未着品の検収：　　　　　　　〔資料2〕4．を参照のこと。
　　　　〔資料1〕へ以上の仕訳を行うことで，財務諸表への計上額は次のように計算される。
　　　　　　資本準備金減少差益：〔資料1〕50,000－2,600＝47,400 千円。

3．仮受金勘定の整理
　　(1) 約束手形の割引：　　　　　　〔資料2〕5．を参照のこと。
　　(2) 消費税の仮払：　　　　　　　〔資料2〕9．を参照のこと。

4．未着品勘定の整理
　　　　引取費用の支払：（借）　未　　着　　品　　　　40　（貸）　仮　　払　　金　　　　40
　　　　商品Yの検収：（借）　仕　　　　入　　　4,640　（貸）　未　　着　　品　　　4,640
　　　　貨物代表証券と引き換えに商品Yを検収したため，未着品勘定の帳簿価額 4,640 千円を仕入勘定へ振り替える。〔資料2〕2．の引取費用40 千円を忘れないこと。

5．約束手形の割引
　　　　手形の割引時：（借）　当 座 預 金 など　95,300　（貸）　仮　　受　　金　　95,300
　　　　修 正 仕 訳：（借）　仮　　受　　金　　95,300　（貸）　受　　取　　手　　形　　96,000
　　　　　　　　　　　　　　　手 形 売 却 損　　　700
　　　　〔資料1〕へ以上の仕訳を行うことで，財務諸表への計上額は次のように計算される。
　　　　　　受　取　手　形：〔資料1〕380,400－96,000＝284,400 千円。

6．仕入勘定の整理

　　修正仕訳：（借）仕　　　　　入　　　590　（貸）仕 入 割 引　　　　590

　　〔資料1〕へ以上の仕訳を行うことで，財務諸表への計上額は次のように計算される。

　　　仕　　　　　　入：〔資料1〕1,019,760＋〔資料2，4．〕4,640＋590＝1,024,990 千円。

7．商品券勘定の整理

　　修正仕訳：（借）商　品　券　　　410　（貸）売　　　　　上　　　410

　　〔資料1〕へ以上の仕訳を行うことで，財務諸表への計上額は次のように計算される。

　　　商　　品　　券：〔資料1〕289,800－410＝289,390 千円。

　　　売　　　　　　上：〔資料1〕1,927,400＋410＝1,927,810 千円。

8．給料勘定の整理

　　誤 っ た 仕 訳：（借）給　　　　　料　　6,400　（貸）当 座 預 金　　6,400

　　修 正 仕 訳：（借）所 得 税 預 り 金　　6,400　（貸）給　　　　　料　　6,400

　　〔資料1〕へ以上の仕訳を行うことで，財務諸表への計上額は次のように計算される。

　　　所得税預り金：〔資料1〕6,800－6,400＝400 千円。

　　　給　　　　　　料：〔資料1〕357,360－6,400＝350,960 千円。

9．消費税の整理は，2級の出題範囲である。

　　修 正 仕 訳：（借）仮　受　金　　192,740　（貸）仮　払　金　　120,500

　　　　　　　　　　　　　　　　　　　　　　　　　未 払 消 費 税　　72,240

〔資料3〕決算整理事項

1．貸倒引当金勘定の整理

　　期末の貸倒引当金は，（受取手形 284,400＋売掛金 315,600）×貸倒実績率 1.5%＝9,000 千円である。したがって，差額補充法により，当期の引当金繰入額は，9,000－7,920＝1,080 千円である。

　　決 算 整 理：（借）貸倒引当金繰入　　1,080　（貸）貸 倒 引 当 金　　1,080

2．有価証券勘定の整理

　　解答に先立ち，〔資料1〕の有価証券勘定には，以下が混在していた点を確認してほしい。

　　・柴田会社株式（売買目的有価証券）54 千円／株×300 株＝16,200 千円。

　　・塩釜会社債券（売買目的有価証券）33 千円／口×200 口＝6,600 千円。

　　・石巻会社債券（満期保有目的債券）78 千円／口×1,000 口＝78,000 千円。

　　　したがって，〔資料1〕の有価証券勘定は，以下のように整理できる。

　　修 正 仕 訳：（借）売買目的有価証券　　22,800　（貸）有 価 証 券　　100,800

　　　　　　　　　　　　満期保有目的債券　　78,000

　　❖　売買目的有価証券

　　柴 田 会 社 株 式：（借）売買目的有価証券　　1,200　（貸）有価証券運用損益　　1,200

　　塩 釜 会 社 債 券：（借）有価証券運用損益　　400　（貸）売買目的有価証券　　400

　　　〔資料1〕へ以上の仕訳を行うことで，財務諸表への計上額は次のように計算される。

　　　有　価　証　券：22,800＋（1,200－400）＝23,600 千円。

　　　有価証券運用益：〔資料1〕160＋（1,200－400）＝960 千円。

第 211 回 1 級商会－解説 4

✦　満期保有目的債券

　取得原価と額面金額との差が金利の調整分と認められるため，取得時（令和4年7月1日）から償還期限（令和8年6月末）までの4年をかけて，（80－78）千円×1,000口＝2,000千円だけ満期保有目的債券を増価させる。定額法により，令和5年3月期は9か月分の375千円と計算される。

　また，期限の到来した公社債の利札は「簿記上の現金」として取り扱うものの，令和5年1月から3月までの3か月分が未収である。80千円／口×0.3％×1,000千口×3/12＝60千円を見越し計上する。

　修 正 仕 訳：（借）　　未収有価証券利息　　　　　　60　（貸）　有価証券利息　　　　　　60
　決 算 整 理：（借）　満期保有目的債券　　　　　　375　（貸）　有価証券利息　　　　　　375
　〔資料1〕へ以上の仕訳を行うことで，財務諸表への計上額は次のように計算される。
　　　　投 資 有 価 証 券：78,000＋375＝78,375千円。
　　　　有 価 証 券 利 息：〔資料1〕120＋（60＋375）＝555千円。

3．売上原価の算定，棚卸資産の期末評価
　　　期 首 在 庫 分：（借）　売　上　原　価　　　122,760　（貸）　繰　越　商　品　　　122,760
　　　当 期 仕 入 分：（借）　売　上　原　価　　　1,024,990　（貸）　仕　　　　　入　　　1,024,990
　　　期 末 在 庫 分：（借）　繰　越　商　品　　　130,440　（貸）　売　上　原　価　　　130,440
　　　　　　　　　　　（借）　棚　卸　減　耗　費　　　　4,000　（貸）　繰　越　商　品　　　　9,400
　　　　　　　　　　　　　　商 品 評 価 損　　　　5,400
　　　　　　　　　　　（借）　売　上　原　価　　　　5,400　（貸）　商 品 評 価 損　　　　5,400
　〔資料1〕へ以上の仕訳を行うことで，財務諸表への計上額は次のように計算される。
　　　商　　　　　　　品：130,440－9,400＝121,040千円。又は，
　　　　　　商品X（95千円×1,080個）＋商品Y（230千円×60個＋4,640千円）＝121,040千円。

4．有形固定資産の減価償却
　　本問では，残存価額をゼロとした減価償却について問うている。定額法償却率及び200％定率法の償却率は，各自で算定できるようになってほしい。
　　　決 算 整 理：（借）　減 価 償 却 費　　　369,750　（貸）　建物減価償却累計額　　　66,000
　　　　　　　　　　　　　　　　　　　　　　　　　　　　　　　備品減価償却累計額　　　303,750
　〔資料1〕へ以上の仕訳を行うことで，財務諸表への計上額は次のように計算される。
　　　建物減価償却累計額：〔資料1〕1,105,500＋66,000＝1,171,500千円。
　　　備品減価償却累計額：〔資料1〕513,000＋303,750＝816,750千円。

5．開発費勘定の整理
　　支出時（令和元年9月）から前期末（令和4年3月末）まで，31か月分は償却済である。したがって，決算整理前残高試算表の開発費勘定残高72,500千円を，残り29か月をかけて償却していく。過年度の償却計算が適切に行われていることを確認しながら，各設問を解き進める習慣をつけてほしい。
　　　決 算 整 理：（借）　開 発 費 償 却　　　30,000　（貸）　開　発　費　　　30,000
　〔資料1〕へ以上の仕訳を行うことで，財務諸表への計上額は次のように計算される。
　　　開　　発　　費：〔資料1〕72,500－30,000＝42,500千円。

6．保険料勘定の整理

　契約締結日（令和5年1月1日）から当期末（令和5年3月末）までの3か月間は，当期の保険料として計上する。翌期首（令和5年4月1日）か翌期末（令和6年3月末）までの12か月間については前払保険料勘定（流動資産）へ，翌々期首（令和6年4月1日）以降の21か月間については長期前払費用（投資その他の資産）へ，それぞれ振り替える。

　　　決算整理：（借）　前払保険料　　　　　4,800　（貸）　保　　険　　料　　　13,200
　　　　　　　　　　　　長期前払費用　　　　　8,400
　　〔資料1〕へ以上の仕訳を行うことで，財務諸表への計上額は次のように計算される。
　　　　保　　険　　料：〔資料1〕14,400－13,200＝1,200千円。

7．退職給付引当金勘定の整理

　　　決算整理：（借）　退職給付費用　　　　　3,160　（貸）　退職給付引当金　　　3,160
　　〔資料1〕へ以上の仕訳を行うことで，財務諸表への計上額は次のように計算される。
　　　　退職給付引当金：〔資料1〕517,200－3,800＋3,160＝516,560千円。
　　〔資料2〕2．で退職給付引当金勘定へ3,800千円を借方記入した点を忘れないこと。

8．支払利息勘定の整理

　　決算整理前残高試算表の借入金400,000千円はすべて，令和3年11月1日に借り入れたものである。このことをふまえて，前期末の決算整理から確認しておこう。決算整理前残高試算表の支払利息勘定が280千円であることも確認してほしい。

　　　前　　期　　末：（借）　支　払　利　息　　　　200　（貸）　未　払　利　息　　　　200
　　　当　　期　　首：（借）　未　払　利　息　　　　200　（貸）　支　払　利　息　　　　200
　　　令和5年4月末：（借）　支　払　利　息　　　　240　（貸）　当　座　預　金　など　　240
　　　令和5年10月末：（借）　支　払　利　息　　　　240　（貸）　当　座　預　金　など　　240
　　　決　算　整　理：（借）　支　払　利　息　　　　200　（貸）　未　払　保　険　料　　　200
　　〔資料1〕へ以上の仕訳を行うことで，財務諸表への計上額は次のように計算される。
　　　　未　払　費　用：未払利息200千円。
　　　　支　払　利　息：〔資料1〕280＋200＝480千円。

9．法人税等

　　　決算整理：（借）　法　人　税　等　　　13,500　（貸）　仮　　払　　金　　　　400
　　　　　　　　　　　　　　　　　　　　　　　　　　　　未払法人税等　　　　13,100

※氏名は記入しないこと。

| 会場コード |
| 受験番号 |

【禁無断転載】

第212回簿記能力検定試験
1級　商業簿記・会計学　解　答

得　点

点

制限時間
【1時間30分】

第1問 （20点）

@2点×10＝20点

ア	イ	ウ	エ	オ	カ	キ	ク	ケ	コ
11	12	13	14	15	10	9	8	7	6

第2問 （24点）

@4点×6＝24点

	借 方 科 目	金 額	貸 方 科 目	金 額
1	前　受　金 外 貨 建 売 掛 金	532,000 2,649,600	売　　　上	3,181,600
2 (1)	当 座 預 金 構　築　物	7,000,000 18,000,000	国 庫 補 助 金 受 贈 益 当 座 預 金	7,000,000 18,000,000
2 (2)	固 定 資 産 圧 縮 損 減 価 償 却 費	7,000,000 550,000	構　築　物 構築物減価償却累計額	7,000,000 550,000
3	繰 越 利 益 剰 余 金	3,000,000	未 払 配 当 金 新 築 積 立 金	2,500,000 500,000
4	当 座 預 金	87,600	買　掛　金	87,600
5	減 損 損 失	16,000,000	建　　　物	16,000,000

第3問 （12点）

@2点×6＝12点

(1)	流動比率	124.5	％
(2)	当座比率	111.1	％
(3)	総資産負債比率	39.5	％
(4)	自己資本比率	60.5	％
(5)	ＲＯＡ（総資産経常利益率）	21.4	％
(6)	ＲＯＥ（自己資本当期純利益率）	12.5	％

第4問 （8点）

●印@2点×4＝8点

合 併 貸 借 対 照 表
令和5年10月1日　　　　　　　　（単位：千円）

諸 資 産	(● 3,334,000)	諸 負 債	(● 898,000)
		資 本 金	(● 1,430,000)
		資 本 準 備 金	(440,000)
		繰 越 利 益 剰 余 金	(● 566,000)
	(3,334,000)		(3,334,000)

第5問 （36点）

●印@2点×18＝36点

【問1】

(1) 現 金 及 び 預 金	● 114,663	千円
(2) 商　　　　　品	● 98,016	千円
(3) 関 係 会 社 株 式	● 94,000	千円
(4) 長 期 前 払 費 用	● 8,640	千円

132

【問2】　　　　　　　　　　　　　　　　　　　　（単位：千円）

負　債　の　部	金　　額
流　動　負　債	
支　払　手　形	180,000
買　　掛　　金	210,000
未　　払　　金	（　　200,000）
未　払　費　用	（●　　1,500）
未　払　法　人　税　等	（●　　22,000）
（未　払　消　費　税）　—●—	（　　57,400）
預　　り　　金	6,460
流　動　負　債　合　計	（　　677,360）
固　　定　　負　　債	
繰　延　税　金　負　債	（●　　5,040）
社　　　　　　　債	（●　　594,600）
退　職　給　付　引　当　金	（●　　413,914）
固　定　負　債　合　計	（　　1,013,554）
負　　債　　合　　計	（　　1,690,914）
純　資　産　の　部	
株　　主　　資　　本	
資　　本　　金	（●　　180,000）
資　本　剰　余　金	
資　本　準　備　金	（　　130,000）
利　益　剰　余　金	
利　益　準　備　金	16,000
繰　越　利　益　剰　余　金	（　　168,000）
利　益　剰　余　金　合　計	（　　184,000）
株　主　資　本　合　計	（　　494,000）
評　価・換　算　差　額　等	
（その他有価証券評価差額金）　—●—	（　　9,360）
評価・換算差額等合計	（　　9,360）
純　資　産　合　計	（　　503,360）
負　債・純　資　産　合　計	（　　2,194,274）

注 「未払消費税」は「未払消費税等」でもよい。

【問3】

損　益　計　算　書

富岡物産㈱　　　自令和4年4月1日　至令和5年3月31日　　　　（単位：千円）

売　上　高			（　1,820,000　）
売　上　原　価			
期首商品棚卸高		115,500	
当期商品仕入高	（●　1,056,400　）		
合　　計	（　1,171,900　）		
期末商品棚卸高	（　117,900　）		
差　　引	（　1,054,000　）		
棚卸減耗費	（　1,860　）		
商品評価損	（　18,024　）	（　1,073,884　）	
●（売上総）利益		（　746,116　）	
販売費及び一般管理費			
給　　料		300,000	
貸倒引当金繰入	（●　2,405　）		
●（退職給付費用）	（　3,314　）		
水道光熱費		16,000	
支払地代		40,000	
減価償却費	（　270,000　）		
支払保険料	（　2,880　）	（　634,599　）	
（営業）利益		（　111,517　）	
営業外収益			
有価証券運用益	（　4,800　）		
●（受取配当金）	（　410　）	（　5,210　）	
営業外費用			
●（電子記録債権売却損）	（　327　）		
社債利息	（　8,400　）	（　8,727　）	
経常利益		（　108,000　）	
特　別　利　益			
固定資産売却益		12,000	12,000
税引前当期純利益		（　120,000　）	
法人税等		（　42,000　）	
当期純利益		（　78,000　）	

第1問

　本問の問題文は，『企業会計原則』の「第一　一般原則」，「第二　損益計算書原則」さらに『企業会計原則注解』の【注5】からの一部抜粋である。

1．企業会計は，すべての（ア　**取引**）につき，（イ　**正規の簿記の原則**）に従って，正確な（ウ　**会計帳簿**）を作成しなければならない。

2．損益計算書は，企業の（エ　**経営成績**）を明らかにするため，一会計期間に属するすべての（オ　**収益**）とこれに対応するすべての（カ　**費用**）とを記載して経常利益を表示し，これに特別損益に属する項目を加減して（キ　**当期純利益**）を表示しなければならない。

3．前払費用は，一定の契約に従い，継続して（ク　**役務**）の提供を受ける場合，いまだ提供されていない（ク　**役務**）に対し支払われた対価をいう。従って，このような（ク　**役務**）に対する対価は，時間の経過とともに次期以降の（カ　**費用**）となるものであるから，これを当期の損益計算から（ケ　**除去**）するとともに貸借対照表の（コ　**資産**）の部に計上しなければならない。

第2問

1．商品の輸出取引

　手付金受取済みの外貨建輸出取引の仕訳を問うている。輸出した商品の売上金額€22,200は，手付金€3,800と売掛金€18,400で構成されることに留意する。すなわち，売上勘定には¥3,181,600（＝3,800×¥140＋18,400×¥144）を記録し，借方には前受金¥532,000と売掛金¥2,649,600が記帳される。

手付金受取時（現金とする）

| （借）現　　　　　　金 | 532,000 | （貸）前　　受　　金 | 532,000 |

売上時

| （借）前　　受　　金 | 532,000 | （貸）売　　　　　　上 | 3,181,600 |
| 　　　外貨建売掛金 | 2,649,600 | | |

　当該取引は外貨決済でも外貨換算でもないため，「為替差損益」は生じない。

2．国庫補助金受入れによる圧縮記帳

(1) 国庫補助金受入時と対象構築物の取得の仕訳を問うている。補助金の受入れであっても利益（国庫補助金受贈益）として処理することに留意する。

| （借）当　座　預　金 | 7,000,000 | （貸）国庫補助金受贈益 | 7,000,000 |
| （借）構　　築　　物 | 18,000,000 | （貸）当　座　預　金 | 18,000,000 |

(2) 国庫補助金相当額について圧縮記帳を行った場合の仕訳を問うている。圧縮記帳により取得原価が減額された構築物の減価償却の計算を間違えないように留意する。

| （借）固定資産圧縮損 | 7,000,000 | （貸）構　　築　　物 | 7,000,000 |
| （借）減　価　償　却　費 | 550,000 | （貸）構築物減価償却累計額 | 550,000 |

　圧縮記帳後の取得原価¥11,000,000（18,000,000－7,000,000），耐用年数10年，定額法の条件で減価償却費¥550,000（11,000,000÷10年×6/12）が計算される。

3．剰余金の配当

　株主総会において剰余金の配当と新築積立金の積立てを行う決議をした場合の仕訳を問うている。配当金を支払う場合，会社法の規定により利益準備金への積立てを要することに留意する。

　まず，繰越利益剰余金を財源に配当金支払いを決議すると，仕訳は以下の通りである。

| （借）繰越利益剰余金 | 2,500,000 | （貸）未　払　配　当　金 | 2,500,000 |

　次に配当金の1/10の金額¥250,000を利益準備金に積み立てた場合，資本準備金と合わせた準備金

全体の金額が資本金の1/4の金額¥10,000,000を超過していないかを確認してみると，すでに資本準備金だけでも¥10,000,000に到達しており，この場合，利益準備金を積み立てる必要がないことが判明する。

最後に，新築積立金を積み立てる。

（借）繰越利益剰余金　　　500,000　　（貸）新築積立金　　　500,000

4．未渡小切手の決算処理

決算にあたり，振り出した小切手が相手方へ渡されていなかった場合の決算整理仕訳を問うている。小切手は振り出したときに当座預金勘定を減額しているため，当日の銀行の当座預金証明書と残高が一致していない。

よって，正しい残高に合わせるために当座預金勘定残高を修正するともに買掛金勘定も修正する必要がある。

（借）当座預金　　　87,600　　（貸）買掛金　　　87,600

5．固定資産の減損

工場建物に減損が生じている場合の仕訳を問うている。減損は回収可能価額まで減額するが，回収可能価額は，正味売却価額と使用価値のいずれか高い方の金額で決定されることに留意する。

減損損失を認識すべきであると判定された建物については，帳簿価額¥45,300,000（＝60,000,000−14,700,000）を回収可能価額¥29,300,000（正味売却価額¥27,800,000と使用価値¥29,300,000のいずれか高い方の金額）まで減額し，当該減少額¥16,000,000を減損損失勘定の借方に記入する。

（借）減損損失　　　16,000,000　　（貸）建物　　　16,000,000

第3問

本問は財務諸表の分析の中でも基本的なものについて問うている。(1) 流動比率と (2) 当座比率は，企業の短期的支払能力を分析する際に用いる安全性分析の経営指標となるものである。当座比率は流動比率と同様に，流動負債の返済に充てられる資産をどれだけ持っているかを表わすが，当座比率を求めるときの当座資産には「棚卸資産」を含めない。棚卸資産とは在庫のことで，必ずしも販売されるとは限らず，不良在庫になるリスクがある。そのため，在庫を多く抱えている企業は当座比率も活用してより厳密に支払能力を見定める必要がある。(3) 総資産負債比率と(4) 自己資本比率は，長期的支払能力を分析する際に用いる安全性分析の経営指標となるものである。どちらも総資産（総資本）に占める割合を示すものであるため，基本的に総資産負債比率＋自己資本比率＝100％となる。(5) ROA（総資産利益率：Return On Assets）とは，総資産に対してどれだけの利益が生み出されたのかを示すもので，これまで事業に投資した資産が，効率よく収益に貢献できているかを測るための指標である。(6) ROE（自己資本利益率：Return On Equity）は，企業の収益率を知る財務指標の一つで，投資に値するかを判断する際に用いられる重要な項目である。

$$(1)流動比率＝\frac{流動資産}{流動負債}×100＝\frac{65,050＋74,200＋67,390＋32,160＋60,000}{240,000}×100＝124.5\%$$

$$(2)当座比率＝\frac{当座資産}{流動負債}×100＝\frac{65,050＋74,200＋67,390＋60,000}{240,000}×100＝111.1\%$$

$$(3)総資産負債比率＝\frac{負債}{総資産}×100＝\frac{240,000＋139,200}{960,000}×100＝39.5\%$$

$$(4)自己資本比率＝\frac{自己資本}{総資産}×100＝\frac{960,000－240,000－139,200}{960,000}×100＝60.5\%$$

$$(5)ROA＝\frac{経常利益}{総資産}×100＝\frac{1,060,500－636,300－106,050＋100,000－212,710}{960,000}×100＝21.4\%$$

$$(6)ROE＝\frac{当期純利益}{自己資本}×100＝\frac{経常利益205,440＋61,560－146,000－48,400}{960,000－240,000－139,200}×100＝12.5\%$$

第4問

　本問は石見株式会社が平泉株式会社を吸収合併し，存続会社である石見株式会社の合併後貸借対照表を作成する問題である。吸収合併の手続は，石見株式会社が平泉株式会社の資産・負債を時価で買い取り，代価は石見株式会社の新株式を交付すること（パーチェス法）で完了する。

　まず資産と負債の時価による受入れを行うと，諸資産974,000千円と諸負債541,000千円であるから，純額として433,000千円（＝974,000－541,000）の純資産を買収したことになる。これに対して株式420,000千円（＝7×60,000株）を支払い，受入純資産額より少なく支払った13,000千円（＝433,000－420,000）は「負ののれん発生益」（特別利益）として処理することになる。資本金組入額は合併契約で決まることであり，本問では420,000千円の全額を資本金とする指示がある。

　石見株式会社の合併仕訳は次のとおりである（金額単位：千円）。

（借）諸　　資　　産	974,000	（貸）諸　　　負　　　債	541,000
		資　　本　　金	420,000
		負ののれん発生益	13,000

　以上の仕訳を石見株式会社の合併直前の貸借対照表に反映させると解答の合併直後の貸借対照表が出来上がる。負ののれん発生益は繰越利益剰余金に加算されることに留意する。

第5問

　本問は，主として決算整理の処理及び財務諸表の作成能力を問うている。【問1】では，貸借対照表における資産の部から一部の科目の金額を問うている。【問2】では，貸借対照表の負債の部と純資産の部を問うている。「繰越利益剰余金」の金額は，〔問3〕の損益計算書を完成してから求めたほうがよい。最終的には負債及び純資産の部も完成させ，資産合計と負債・純資産合計が一致することを確認したほうがよい。【問3】では，損益計算書の作成を問うている。決算整理前残高試算表の科目・金額を決算整理仕訳にしたがって修正し，あとはフォーマットに沿って，貸借対照表と損益計算書を完成させる。

　以下，検討事項と決算整理事項に関わる仕訳（決算整理仕訳等）を示しておく。なお，仕訳金額は便宜上，千円単位で表している。

〔資料2〕検討事項

1．通貨代用証券の未処理の整理

　他人振出しの小切手と配当金領収証はともに金融機関において即時換金できる「通貨代用証券」であるため，簿記上は現金として取扱う。よって，借方は現金とし，貸方は売上と受取配当金として処理する。

（借）現　　　　　金	470	（貸）売　　　　　上	300
		受　取　配　当　金	170

2．仮払金勘定の整理

　仮払金は支出時に本来処理すべきであった勘定科目へ振り替える。(1)は仮払法人税等，(2)は仮払消費税，(3)は退職給付引当金で処理する。

（借）仮　払　法　人　税　等	20,000	（貸）仮　　払　　金	129,000
仮　払　消　費　税	105,600		
退　職　給　付　引　当　金	3,400		

3．仮受金勘定の整理

　仮受金は収入時に本来処理すべきであった勘定科目へ振り替える。(1)は仮受消費税，(2)は資本金，(3)は売掛金で処理する。

（借）仮　　受　　金	167,000	（貸）仮　受　消　費　税	163,000
		資　　本　　金	3,000
		売　　掛　　金	1,000

4．電子記録債権の割引

　　未処理であった電子記録債権の割引の処理を行う。

（借）電子記録債権売却損	327	（貸）電子記録債権	14,000
当座預金	13,673		

5．消費税の整理

　　消費者から預かった仮受消費税等163,000千円と当社が支払った仮払消費税等105,600千円を相殺し消費税等の納税額57,400千円を未払法人税等として計上する。

（借）仮受消費税	163,000	（貸）仮払消費税	105,600
		未払消費税等	57,400

〔資料3〕決算整理事項

1．貸倒引当金の設定

　　売上債権387,000千円（＝受取手形110,000＋売掛金278,000－1,000）に対して1.5％の貸倒引当金5,805千円を設定するため，貸倒引当金残高3,400千円との差額2,405千円を繰り入れる。

（借）貸倒引当金繰入	2,405	（貸）貸倒引当金	2,405

2．有価証券の整理と評価

　　保有目的に従って有価証券勘定から適切な勘定へ振り替える。

（借）売買目的有価証券	67,200	（貸）有価証券	218,800
関連会社株式	94,000		
その他有価証券	57,600		

　　売買目的有価証券は取得原価67,200千円から時価72,000千円まで4,800千円の有価証券運用益を計上する。

（借）売買目的有価証券	4,800	（貸）有価証券運用益	4,800

　　その他有価証券は時価72,000千円で評価するが，評価差額14,400千円は税効果会計を適用して5,040千円（＝14,400×35％）が繰延税金負債となり，残額9,360千円はその他有価証券評価差額金となる。

（借）その他有価証券	14,400	（貸）繰延税金負債	5,040
		その他有価証券評価差額金	9,360

　　関連会社株式は取得原価のままで評価するため，仕訳不要である。

3．売上原価の算定と期末商品価額の確定

　　ここでは仕入勘定をもって売上原価勘定の代用とする決算整理仕訳を行う。まず仕入勘定の借方に期首商品金額115,500千円（＝前T/B繰越商品）を振替え，期末商品金額117,900千円（＝120×900個＋660×15個）を仕入勘定の貸方へ記入するとともに繰越商品勘定へ振り替える。

（借）仕入	115,600	（貸）繰越商品	115,600
（借）繰越商品	117,900	（貸）仕入	117,900

　　次に期末商品価額を確定する。商品Xは棚卸減耗費1,200千円（＝120×10個）と商品評価損17,800千円（＝20×890個）で、商品Yは棚卸減耗費660千円（＝660×1個）と商品評価損224千円（16×14個）が差し引かれ，98,016千円が期末商品価額として確定する。

（借）棚卸減耗費	1,860	（貸）繰越商品	19,884
商品評価損	18,024		

4．減価償却費の計上

　建物の減価償却費の計算は以下のとおり。

　1,200,000×0.04＝48,000

　備品の減価償却費の計算は以下のとおり。

　(1,400,000－512,000)×0.25＝222,000

　減価償却費計上の仕訳は次のとおり。

（借）減 価 償 却 費	270,000	（貸）建物減価償却累計額	48,000
		備品減価償却累計額	222,000

5．長期前払費用の計上

　支払保険料17,280千円は令和4年10月1日に向こう3年分支払われたもので，次期に保険期間が経過する2年6ヵ月分が前払費用となる。そのうち，1年基準により流動資産に前払費用となるものが1年分で5,760千円（＝17,280÷3年）となり，固定資産に長期前払費用となるものが1年6ヵ月分で8,640千円（＝5,760×1.5年）となる。

（借）前 払 費 用	5,760	（貸）支 払 保 険 料	14,400
長 期 前 払 費 用	8,640		

6．退職給付費用の計上

　退職給付引当金の繰入は退職給付費用として計上する。

（借）退 職 給 付 費 用	3,314	（貸）退 職 給 付 引 当 金	3,314

7．社債利息の計上（償却原価法・未払費用）

　まず償却原価法によって算定された社債利息を計上する。社債の額面金額600,000千円と発行価額588,000千円との差額12,000千円を償還期間5年で配分すると2,400千円となる。

（借）社 債 利 息	2,400	（貸）社　　　　債	2,400

　続いてクーポン利息（利札）は利率年1％の12月末日・6月末日払いとなっているので，1〜3月分の社債利息1,500千円（＝600,000×1％×3ヵ月÷12ヵ月）が未払いのままとなっている。そこで，社債利息の未払費用の計上が必要となる。

（借）社 債 利 息	1,500	（貸）未 払 費 用	1,500

8．当期の法人税等の計上

　ここまでの決算整理仕訳から損益計算書の税引前当期純利益までを作成し，そこで算出された税引前当期純利益120,000千円に35％を乗じた42,000千円が法人税等として計上する。そのうち，20,000千円は仮払法人税等として支払済みであることに留意しなければならない。

（借）法 人 税 等	42,000	（貸）仮 払 法 人 税 等	20,000
		未 払 法 人 税 等	22,000

　貸借対照表・損益計算書への表示科目については会社法（会社計算規則）に準拠して以下のように組み替えている。

　「現金」「当座預金」　→　「現金及び預金」

　「関連会社株式」　　→　「関係会社株式」

（単位：千円）

資　産　の　部	金　額
流　動　資　産	
現　金　及　び　預　金	114,663
受　取　手　形	110,000
売　掛　金	277,000
貸　倒　引　当　金	△5,805
有　価　証　券	72,000
商　品	98,016
前　払　費　用	5,760
流　動　資　産　合　計	671,634
固　定　資　産	
建　物	1,200,000
減　価　償　却　累　計　額	△518,000
備　品	1,400,000
減　価　償　却　累　計　額	△734,000
関　係　会　社　株　式	94,000
そ　の　他　有　価　証　券	72,000
長　期　前　払　費　用	8,640
固　定　資　産　合　計	1,522,640
資　産　合　計	2,194,274

第213回簿記能力検定試験

1級　商業簿記・会計学　解　答

制限時間
【1時間30分】

第1問（20点）

@2点×10＝20点

ア	イ	ウ	エ	オ	カ	キ	ク	ケ	コ
18	15	8	5	16	6	20	14	11	2

第2問（24点）

@4点×6＝24点

	借　方　科　目	金　　額	貸　方　科　目	金　　額
1	ソフトウェア	2,010,000	当　座　預　金	2,010,000
2	未　　収　　金 火　災　損　失	17,500,000 3,355,000	火　災　未　決　算	20,855,000
3	社　債　利　息	20,000	社　　　　　債	20,000
4	買　　掛　　金	1,360,000	仕　入　割　引 当　座　預　金	17,000 1,343,000
5	その他有価証券	300,000	繰　延　税　金　資　産 その他有価証券評価差額金	90,000 210,000
6	買　　掛　　金 保　証　債　務　費　用	1,680,000 8,400	営　業　外　受　取　手　形 保　証　債　務	1,680,000 8,400

第3問（12点）

@2点×6＝12点

（単位：千円）

①	②	③	④
656,000	400,000	△200,000	△144,000

⑤	⑥		
448,500	1,522,000		

第4問（10点）

●印@2点×5＝10点

連 結 精 算 表

令和5年10月1日

（単位：千円）

勘 定 科 目	越中株式会社 借 方	越中株式会社 貸 方	八尾株式会社 借 方	八尾株式会社 貸 方	修 正 消 去 借 方	修 正 消 去 貸 方	連結貸借対照表 借 方	連結貸借対照表 貸 方
諸　資　産	783,000		350,000		●3,000		1,136,000	
子会社株式	147,000					147,000		
の　れ　ん					●3,500		3,500	
諸　負　債		219,000		148,000				367,000
資　本　金		300,000		50,000	50,000			●300,000
利益剰余金		411,000		152,000	152,000			411,000
評　価　差　額					3,000	3,000		
●（非支配株主持分）						●61,500		61,500
	930,000	930,000	350,000	350,000	211,500	211,500	1,139,500	1,139,500

第5問（34点）

●印@2点×17＝34点

【問1】

（単位：千円）

	借 方 科 目	金 額	貸 方 科 目	金 額
1	仕　　　　　入	450	本　　　　　店	450
●2	水 道 光 熱 費	380	本　　　　　店	380
●3	支　　　　　店	500	売　　掛　　金	500

【問2】

貸 借 対 照 表

立山株式会社　　　　　　　　　令和5年5月31日　　　　　　　（単位：千円）

資　産　の　部	金	額
流　動　資　産		
現　金　及　び　預　金		（●　15,550）
受　　取　　手　　形	6,400	
売　　　掛　　　金	（　19,100）	
貸　倒　引　当　金	△（　　510）	（●　24,990）
有　　価　　証　　券		（　4,810）
商　　　　　品		（●　7,810）
●（　前　払　費　用　）		（　1,080）
流　動　資　産　合　計		（　54,240）
固　定　資　産		
有　形　固　定　資　産		
建　　　　　物	14,400	
減　価　償　却　累　計　額	△（　3,600）	（●　10,800）
備　　　　　品	（　13,920）	
減　価　償　却　累　計　額	△（　3,900）	（●　10,020）
土　　　　　地		16,800
有　形　固　定　資　産　合　計		（　37,620）
投資その他の資産		
投　資　有　価　証　券		（●　5,850）
投資その他の資産合計		（　5,850）
固　定　資　産　合　計		（　43,470）
資　　産　　合　　計		（　97,710）

負債・純資産の部	金	額
負　債　の　部		
買　　　掛　　　金		（●　5,280）
未　払　法　人　税　等		（●　5,700）
未　払　消　費　税		（　5,350）
預　　　り　　　金		680
負　　債　　合　　計		（　17,010）
純　資　産　の　部		
（　以下省略　）		

143

【問3】

損 益 計 算 書

立山株式会社　　自令和4年6月1日　至令和5年5月31日　　（単位：千円）

売　上　高		137,800
売　上　原　価		
期首商品棚卸高	5,750	
当期商品仕入高	（　39,420　）	
合　　計	（　45,170　）	
期末商品棚卸高	（　8,050　）	（　37,120　）
●（売上総）利益		（　100,680　）
販売費及び一般管理費		
給　　　　料	26,170	
貸倒引当金繰入	（　240　）	
広告宣伝費	（●　26,240　）	
減価償却費	（　3,220　）	
水道光熱費	（　13,760　）	
支払リース料	（　1,620　）	（　71,250　）
（営業）利益		（　29,430　）
営業外収益		
受取配当金	520	
有価証券利息	（●　90　）	
受取地代	1,450	（　2,060　）
営業外費用		
有価証券評価損	（●　390　）	
為替差損	（　70　）	（　460　）
経常利益		（　31,030　）
特別損失		
棚卸減耗費	（●　240　）	（　240　）
税引前当期純利益		（　30,790　）
法人税等		9,810
当期純利益		（　20,980　）

【問4】

ROE（自己資本当期純利益率）
●　　26.0　%

第1問

本問は，『企業会計原則』の「第三　貸借対照表原則」，同注解4及び18からの一部抜粋である。1. では貸借対照表の記載内容についての理解を問うている。2. では保守主義の原則について，3. では引当金についての理解を問うている。

第2問

1．ソフトウェアの取得

パッケージ化されたソフトウェアを購入した場合，付随費用とともに無形固定資産として計上する。

2．火災によって受け取る保険金額の確定

火災未決算勘定の借方残高と受け取る保険金額との大小比較によって，保険差益勘定（収益）又は火災損失勘定（費用）を用いて処理する。

火災の発生：	（借）	建物減価償却累計額	27,645,000	（貸）	建　　　　物	48,500,000
		火災未決算	20,855,000			
保険金額の確定：	（借）	未　収　金	17,500,000	（貸）	火災未決算	20,855,000
		火災損失	3,355,000			

3．社債勘定の整理

額面金額と発行価額との差額1.5円（100円につき）は，償還期限5年にわたり償却原価法（定額法）を月割り計算により適用する。本問では，当期中の2月1日に社債を発行しており，決算日（3月31日）までの2か月分だけ社債の帳簿価額を修正する。

| 社債の発行： | （借） | 当座預金など | 39,400,000 | （貸） | 社　　　　債 | 39,400,000 |
| 社債勘定の整理： | （借） | 社債利息 | 20,000 | （貸） | 社　　　　債 | 20,000 |

社　債　利　息：　$(40,000,000 - 39,400,000) \div 5年 \times 2/12 = ¥20,000$

又は，$40,000,000 \times (100 - 98.5)/100 \div 5年 \times 2/12 = ¥20,000$

4．仕入割引

買掛金を早期に弁済したために生じる仕入割引は，営業外収益の区分に計上される。

商品の仕入：	（借）	仕　　　　入	1,360,000	（貸）	買　掛　金	1,360,000
買掛金の弁済：	（借）	買　掛　金	1,360,000	（貸）	仕　入　割　引	17,000
					当　座　預　金	1,343,000

5．その他有価証券の決算整理に係る再振替仕訳

その他有価証券の評価差額は，洗い替え方式にもとづき処理する。したがって，前期末の決算整理における時価評価の再振替仕訳をおこなうことで，有価証券の帳簿価額は取得原価まで戻される。その他有価証券評価差額金の勘定残高をゼロに戻すほか，評価差額に係る税効果（本問では，繰延税金資産を計上）についても忘れないこと。

前期末の時価評価：	（借）	繰延税金資産	90,000	（貸）	その他有価証券	300,000
		その他有価証券評価差額金	210,000			
当期首の再振替仕訳：	（借）	その他有価証券	300,000	（貸）	繰延税金資産	90,000
					その他有価証券評価差額金	210,000

6．手形の裏書

　　裏書譲渡した手形に係る偶発債務について，手形の裏書時に時価評価し，保証債務勘定（負債）を用いて処理する。本問では，取引先より受け取った約束手形を営業外受取手形勘定で処理していたことに留意されたい。

備 品 の 売 却：	（借）	備品減価償却累計額	×××	（貸）	備　　　　　　品	×××
		営業外受取手形	1,680,000			
手 形 の 裏 書：	（借）	買　　掛　　金	1,680,000	（貸）	営業外受取手形	1,680,000
	（借）	保 証 債 務 費 用	8,400	（貸）	保 証 債 務	8,400

第3問

　　株主資本等変動計算書では，貸借対照表の純資産の部の一会計期間における変動額のうち，主として株主資本の各項目の変動事由について開示される。本問はとくに，新株の発行，繰越損失の解消，といった取引の開示方法を問うている。

株 主 資 本 等 変 動 計 算 書

自令和5年1月1日　至令和5年12月31日　　　　　（単位：千円）

	株 主 資 本						
		資本剰余金		利益剰余金			株主資本合計
	資本金	資本準備金	その他資本剰余金	利益準備金	その他利益剰余金		
					新築積立金	繰越利益剰余金	
当 期 首 残 高	500,000	300,000	200,000	10,500	28,000	△382,500	656,000
当 期 変 動 額							
新 株 の 発 行	400,000	400,000					800,000
準備金から剰余金への振替		△200,000	200,000				―
繰越損失の解消			△344,000	△10,500	△28,000	382,500	―
当 期 純 利 益						66,000	66,000
当期変動額合計	400,000	200,000	△144,000	△10,500	△28,000	448,500	866,000
当 期 末 残 高	900,000	500,000	56,000	0	0	66,000	1,522,000

以下，解答に必要な仕訳である。　（単位：千円）

準備金から剰余金への振替：	（借）	資 本 準 備 金	200,000	（貸）	その他資本剰余金	200,000
繰越損失の解消：	（借）	その他資本剰余金	344,000	（貸）	繰越利益剰余金	382,500
		利 益 準 備 金	10,500			
		新 築 積 立 金	28,000			
新 株 の 発 行：	（借）	当 座 預 金 な ど	800,000	（貸）	資　　本　　金	400,000
					資 本 準 備 金	400,000
純 利 益 の 計 上：	（借）	損　　　　　益	66,000	（貸）	繰越利益剰余金	66,000

なお，斜体字の「その他資本剰余金」はあくまで貸借対照表上の表示項目であって，より正確には「資本準備金減少差益」「資本金減少差益」などの勘定科目を用いるべきであることに留意されたい。本問では株主資本等変動計算書の記載について問うていること，その他資本剰余金の当期首残高がどのような経緯で生じたものかは明らかでないこと，といった理由から，便宜的に如上の仕訳例を示した。

第4問

本問は，親会社の投資と子会社の資本との相殺消去を行った結果，のれんが発生する基本的な出題である。支配獲得日には，子会社の資産及び負債について時価へ評価替える処理を忘れないこと。

連結精算表において行う連結修正は，以下のとおり（単位：千円）。

子会社資産の時価評価：（借）土　　　　地　　3,000　（貸）評　価　差　額　　3,000
投資と資本との相殺消去：（借）資　本　金　50,000　（貸）子 会 社 株 式　147,000
　　　　　　　　　　　　　　　利 益 剰 余 金　152,000　　　　非支配株主持分　61,500
　　　　　　　　　　　　　　　評　価　差　額　　3,000
　　　　　　　　　　　　　　　の　れ　ん　　3,500

　　の　れ　ん：147,000－（50,000＋152,000＋3,000）×70％＝3,500 千円
　　非支配株主持分：（50,000＋152,000＋3,000）×30％＝61,500 千円

第5問

本問は，本支店間の取引を加味した合併財務諸表の作成能力を問うている。【問1】では未達取引の整理を問うている。未達取引について未達側で仕訳を行った後，本店における支店勘定の残高と支店における本店勘定の残高は一致しているはずである。【問2】では貸借対照表の作成を，【問3】では損益計算書の作成を問うている。また，【問4】では小数点以下の端数を問題文で指示されたとおりに処理する必要がある。処理しなければならない分量が多いと感じるかもしれないが，出題した論点そのものは基本的な水準である。

以下，解答に必要な未達事項及び決算整理事項等に関する仕訳である（単位：千円）。

〔資料2〕未達事項
1．商品の発送
　支　　　　店：（借）仕　　　　入　　450　（貸）本　　　　店　　450
2．水道光熱費の支払
　支　　　　店：（借）水 道 光 熱 費　　380　（貸）本　　　　店　　380
3．売掛金の回収
　本　　　　店：（借）支　　　　店　　500　（貸）売　掛　金　　500
　〔資料1〕へ以上の仕訳を行うことで，本支店合併財務諸表への計上額は次のように計算される。
　　水 道 光 熱 費：〔資料1〕（9,500＋3,880）＋380＝13,760 千円。

〔資料3〕決算整理事項等
1．現金過不足勘定の整理
　本店の修正仕訳：（借）現 金 過 不 足　　180　（貸）広 告 宣 伝 費　　180
　〔資料1〕の広告宣伝費勘定は，正しくは680千円のところを誤って860千円と記帳しているため，180千円を貸記することで正しい勘定残高となる。

2．貸倒引当金勘定の整理
　本　　　　店：（借）貸倒引当金繰入　　90　（貸）貸 倒 引 当 金　　90
　　貸倒引当金繰入：〔資料1；資料2(3)〕｛6,400＋（12,100－500）｝×2％－270＝90 千円
　支　　　　店：（借）貸倒引当金繰入　　150　（貸）貸 倒 引 当 金　　150
　　貸倒引当金繰入：〔資料1〕（0＋7,500）×2％－0＝150 千円
　〔資料1〕へ以上の仕訳を行うことで，本支店合併財務諸表への計上額は次のように計算される。

売　　掛　　金：本店（12,100－500）＋支店7,500＝19,100千円

　貸倒引当金繰入：本店90＋支店150＝240千円

3．外貨建金銭債務の換算替え

　　本　　　店：（借）為　替　差　損　　　　70　（貸）外貨建買掛金　　　　70

　外貨建金銭債権債務は，決算時の直物為替相場を用いて換算替えを行う。本問では，決算日の外貨建買掛金20千㌦を為替相場1㌦＝¥140を用いて2,800千円とする必要がある。〔資料1〕の外貨建買掛金勘定の貸方残高2,730千円に70千円を貸記するので，為替差損70千円が生じる。

　なお，とくに指示のない限り，外部公表用の本支店合併貸借対照表には，邦貨建の「買掛金」に含めて掲記すること。

　〔資料1〕へ以上の仕訳を行うことで，本支店合併財務諸表への計上額は次のように計算される。

　　買　　掛　　金：〔資料1〕2,480＋外貨建買掛金（〔資料1〕2,730＋70）＝5,280千円

　　為　替　差　損：70千円

4．有価証券勘定の整理

　✧　売買目的有価証券

　　本　　　　　店：（借）有価証券運用損益　　　　390　（貸）売買目的有価証券　　390
　　　　　　　　　　　　（有価証券評価損）

　〔資料1〕へ以上の仕訳を行うことで，本支店合併財務諸表への計上額は次のように計算される。

　　有　価　証　券：〔資料1〕5,200－390＝4,810千円

　✧　満期保有目的債券

　取得原価と額面金額との差が金利の調整分と認められるため，取得時（令和4年12月1日）から償還期限（令和7年11月末）までの3年をかけて，（100－97）×60千㍿＝180千円だけ満期保有目的債券を増価させる。定額法により，令和5年5月期は6か月分の30千円と計算される。

　また，期限の到来した公社債の利札は「簿記上の現金」として取り扱う。利払日は年2回であることから，令和5年5月末の利息分は，100×2％×6/12×60千㍿＝60千円である。

　　修　正　仕　訳：（借）現　　　　　金　　　　60　（貸）有価証券利息　　　60
　　決　算　整　理：（借）満期保有目的債券　　　30　（貸）有価証券利息　　　30

　〔資料1〕へ以上の仕訳を行うことで，本支店合併財務諸表への計上額は次のように計算される。

　　現金及び預金：本店｛（3,520＋60）＋7,710｝＋支店（690＋3,570）＝15,550千円

　　投資有価証券：〔資料1〕5,820＋30＝5,850千円

　　有価証券利息：60＋30＝90千円

5．売上原価の算定，棚卸資産の期末評価

　　本　　　　　店：（借）売　上　原　価　　　5,750　（貸）繰　越　商　品　　　5,750
　　　　　　　　　　（借）売　上　原　価　　28,900　（貸）仕　　　　　入　　28,900
　　　　　　　　　　（借）繰　越　商　品　　　5,440　（貸）売　上　原　価　　　5,440
　　　　　　　　　　（借）棚　卸　減　耗　費　　240　（貸）繰　越　商　品　　　　240
　　支　　　　　店：（借）売　上　原　価　　10,520　（貸）仕　　　　　入　　10,520
　　　　　　　　　　（借）繰　越　商　品　　　2,610　（貸）売　上　原　価　　　2,610

　〔資料2〕1．より，支店の当期仕入分と期末在庫のいずれも，450千円（＝18千円×25個）を忘れずに処理すること。

〔資料1〕へ以上の仕訳を行うことで，本支店合併財務諸表への計上額は次のように計算される。
   当期商品仕入高：本店28,900＋支店10,520＝39,420千円
   期末商品棚卸高：本店5,440＋支店2,610＝8,050千円
   商　　　　　品：期末商品棚卸高8,050−棚卸減耗費240＝7,810千円　又は，
　　　　　　　　　　本店（16千円×325個）＋支店｛18千円×（120個＋25個）｝＝7,810千円

6．有形固定資産の減価償却
   本問では，残存価額をゼロとした減価償却について問うている。定額法償却率及び200%定率法の償却率は，各自で算定できるようになってほしい。
   本　　　　　店：（借）　減 価 償 却 費　　　　720　（貸）　建物減価償却累計額　　　720
   　　　　　　　　（借）　減 価 償 却 費　　　2,050　（貸）　備品減価償却累計額　　2,050
   支　　　　　店：〔資料3〕7．を参照のこと。
   　減価償却費（建物）：14,400×0.050×12/12＝720千円
   　減価償却費（備品）：（9,600−1,400）×0.250×12/12＝2,050千円
   〔資料1〕へ以上の仕訳を行うことで，本支店合併財務諸表への計上額は次のように計算される。
   　建物減価償却累計額：〔資料1〕2,880＋720＝3,600千円

7．仮払金勘定の整理
   備品は令和5年1月に使用を開始しており，令和5年5月末までの5か月分の減価償却を行う。支払リース料は令和5年9月末までの10か月分を支払っており，すなわち翌期の4か月分を繰り延べる。
   支　　　　　店：（借）　備　　　　　品　　4,320　（貸）　仮　　払　　金　　11,100
   　　　　　　　　　　　　支 払 リ ー ス 料　　2,700
   　　　　　　　　　　　　広 告 宣 伝 費　　4,080
   　　　　　　　　（借）　減 価 償 却 費　　　　450　（貸）　備品減価償却累計額　　　450
   　　　　　　　　（借）　前 払 リ ー ス 料　　1,080　（貸）　支 払 リ ー ス 料　　1,080
   　減 価 償 却 費：（4,320−0）×0.250×5/12＝450千円
   　前 払 リ ー ス 料：2,700×4/10＝1,080千円
   〔資料1〕へ以上の仕訳を行うことで，本支店合併財務諸表への計上額は次のように計算される。
   　備　　　　　品：本店9,600＋支店4,320＝13,920千円
   　備品減価償却累計額：本店（〔資料1〕1,400＋2,050）＋支店450＝3,900千円
   　広 告 宣 伝 費：本店（22,340−180）＋支店4,080＝26,240千円
   　減 価 償 却 費：本店2,770＋支店450＝3,220千円
   　支 払 リ ー ス 料：2,700−1,080＝1,620千円

8．消費税の整理
   本　　　　　店：（借）　仮 受 消 費 税　　10,260　（貸）　仮 払 消 費 税　　7,080
   　　　　　　　　　　　　　　　　　　　　　　　　　　　　　未 払 消 費 税　　3,180
   支　　　　　店：（借）　仮 受 消 費 税　　3,520　（貸）　仮 払 消 費 税　　1,350
   　　　　　　　　　　　　　　　　　　　　　　　　　　　　　未 払 消 費 税　　2,170
   〔資料1〕へ以上の仕訳を行うことで，本支店合併財務諸表への計上額は次のように計算される。
   　未 払 消 費 税：本店3,180＋支店2,170＝5,350千円

9．法人税等の整理

本　　　　　　店：（借）法　人　税　等　　　　　9,810　（貸）仮 払 法 人 税 等　　　　4,110

未 払 法 人 税 等　　　　5,700

　なお，期末の自己資本は，〔資料1〕及び【問3】より次のとおり算定される。資本金20,000＋資本準備金20,000＋固定資産圧縮積立金10,020＋繰越利益剰余金（9,700＋20,980）＝80,700千円。ＲＯＥ（自己資本当期純利益率）の算定に際して，繰越利益剰余金勘定が当期純利益20,980千円だけ増えている点を忘れずに処理すること。

　以上より，当期純利益20,980÷期末の自己資本80,700＝0.259975……と計算できる。解答上の端数については，「％の小数第1位未満を四捨五入して小数第1位まで示すこと」という指示に従い，「26.0％」を正解とする。

〒170-0004　東京都豊島区北大塚1-13-12
公益社団法人全国経理教育協会　検定管理課
URL：https://www.zenkei.or.jp/
メール：helpdesk@zenkei.or.jp

メールフォーム　　　正誤表掲載ページ

簿記能力検定試験　第206回～第213回　過去問題集　1級商業簿記・財務会計
(旧：1級商業簿記・会計学)

2024年4月1日　第十四版

編集・著作　公益社団法人　全国経理教育協会
表紙・カバーデザイン　欧文印刷株式会社
印刷・製本　　　　　　欧文印刷株式会社

発 行 元　　　公益社団法人　全国経理教育協会
　　　　　　　　〒170-0004　東京都豊島区北大塚1-13-12

発 売 元　　　ネットスクール株式会社
　　　　　　　　〒101-0054　東京都千代田区神田錦町3-23
　　　　　　　　電話　03-6823-6458（代表）

※氏名は記入しないこと。

会場コード				

受験番号				

第206回簿記能力検定試験

1級 商業簿記・会計学 解答用紙

【禁無断転載】

得 点	
	点

制限時間
【1時間30分】

第1問採点

第1問 （20点）

ア	イ	ウ	エ	オ	カ	キ	ク	ケ	コ

第2問採点

第2問 （24点）

	借 方 科 目	金 額	貸 方 科 目	金 額
1				
2				
3				
4				
5				
6				

第3問採点

第3問 （10点）

	借方科目	金　額	貸方科目	金　額
仕　入　日				
決　算　日				
決　済　日				

第4問採点

第4問 （10点）

連 結 精 算 表
令和4年3月31日　　　　　　　　　　　　（単位：千円）

勘 定 科 目	北上株式会社 借方	北上株式会社 貸方	吉野株式会社 借方	吉野株式会社 貸方	修 正 消 去 借方	修 正 消 去 貸方	連結貸借対照表 借方	連結貸借対照表 貸方
諸　資　産	1,834,000		680,000					
子 会 社 株 式	400,000							
諸　負　債		358,000		270,000				
資　本　金		1,424,000		300,000				
利 益 剰 余 金		452,000		110,000				
評 価 差 額								
の　れ　ん								
（　　　　　）								
	2,234,000	2,234,000	680,000	680,000				

第5問採点

第5問 （36点）

【問1】 （単位：千円）

負 債 の 部	金　　額
流 動 負 債	
支 払 手 形	25,000
買 掛 金	（　　　　）
未 払 金	（　　　　）
未 払 費 用	（　　　　）
未 払 法 人 税 等	（　　　　）
（　　　　　　　）	（　　　　）
前 受 金	（　　　　）
1年以内返済長期借入金	（　　　　）
流 動 負 債 合 計	（　　　　）
固 定 負 債	
長 期 借 入 金	（　　　　）
退 職 給 付 引 当 金	（　　　　）
固 定 負 債 合 計	（　　　　）
負 債 合 計	（　　　　）
純 資 産 の 部	
株 主 資 本	
資 本 金	（　　　　）
資 本 剰 余 金	
資 本 準 備 金	（　　　　）
利 益 剰 余 金	
利 益 準 備 金	6,800
繰 越 利 益 剰 余 金	（　　　　）
利 益 剰 余 金 合 計	（　　　　）
株 主 資 本 合 計	（　　　　）
評 価 ・ 換 算 差 額 等	
（　　　　　　　）	（　　　　）
評価・換算差額等合計	（　　　　）
純 資 産 合 計	（　　　　）
負 債 ・ 純 資 産 合 計	（　　　　）

【問2】

損 益 計 算 書

四万十物産㈱　　令和3年4月1日～令和4年3月31日　　　　（単位：千円）

売　上　高		598,000
売　上　原　価		
期首商品棚卸高	23,800	
当期商品仕入高	341,900	
合　　計	365,700	
期末商品棚卸高	（　　　　　）	
差　　引	（　　　　　）	
棚卸減耗費	（　　　　　）	
商品評価損	（　　　　　）	（　　　　　）
売上総利益		（　　　　　）
販売費及び一般管理費		
給料手当	70,500	
退職給付費用	（　　　　　）	
貸倒引当金繰入	（　　　　　）	
旅費交通費	5,090	
水道光熱費	2,710	
減価償却費	（　　　　　）	
保険料	（　　　　　）	
（　　　　）償却	（　　　　　）	
雑費	860	（　　　　　）
営業利益		（　　　　　）
営業外収益		
受取配当金	205	
雑収入	3,200	3,405
営業外費用		
支払利息	（　　　　　）	
（　　　　　）	（　　　　　）	（　　　　　）
税引前当期純利益		（　　　　　）
法人税等		（　　　　　）
当期純利益		（　　　　　）

※氏名は記入しないこと。

会場コード

受験番号

1級 商業簿記・会計学 解答用紙

【禁無断転載】

得　点
点

制限時間
【1時間30分】

第1問採点

第1問（20点）

ア	イ	ウ	エ	オ	カ	キ	ク	ケ	コ

第2問採点

第2問（24点）

	借　方　科　目	金　　額	貸　方　科　目	金　　額
1				
2				
3				
4				
5				
6				

第3問採点

第3問 （10点）

銀 行 勘 定 調 整 表　　　　　　　　（単位：円）

当座預金勘定残高		989,000	残高証明書残高		969,000
（加　算）			（加　算）		
〔　　　　　　　〕	（　　　　　）		〔　　　　　　　〕	（　　　　　）	
〔　　　　　　　〕	（　　　　　）		〔　　　　　　　〕	（　　　　　）	
（減　算）			（減　算）		
〔　　　　　　　〕	（　　　　　）		〔　　　　　　　〕	（　　　　　）	
	（　　　　　）			（　　　　　）	

第4問採点

第4問 （12点）

（単位：千円）

①	②	③	④

⑤	⑥

第5問採点

第5問 （34点）

【問1】

（単位：千円）

	借　方　科　目	金　　額	貸　方　科　目	金　　額
1				
2				
3				

【問2】

貸 借 対 照 表

君津株式会社　　　　　　令和4年2月28日　　　　　（単位：千円）

資 産 の 部	金　　　額
流 動 資 産	
現 金 預 金	（　　　　　　　）
受 取 手 形	5,330
売 掛 金	（　　　　　　）
貸 倒 引 当 金	△（　　　　　）（　　　　　　　）
有 価 証 券	（　　　　　　　）
商 品	（　　　　　　　）
（　　　　　　　　　　）	（　　　　　　　）
流 動 資 産 合 計	（　　　　　　　）
固 定 資 産	
有 形 固 定 資 産	
建 物	12,000
減 価 償 却 累 計 額	△（　　　　　）（　　　　　　　）
備 品	（　　　　　　）
減 価 償 却 累 計 額	△（　　　　　）（　　　　　　　）
土 地	14,000
有 形 固 定 資 産 合 計	（　　　　　　　）
投 資 そ の 他 の 資 産	
投 資 有 価 証 券	（　　　　　　　）
投資その他の資産合計	（　　　　　　　）
固 定 資 産 合 計	（　　　　　　　）
資 産 合 計	（　　　　　　　）

負債・純資産の部	金　　　額
負 債 の 部	
買 掛 金	（　　　　　　　）
未 払 法 人 税 等	（　　　　　　　）
未 払 消 費 税	（　　　　　　　）
預 り 金	（　　　　　　　）
負 債 合 計	（　　　　　　　）
純 資 産 の 部	
（ 以 下 省 略 ）	

【問3】

損 益 計 算 書

君津株式会社　　自令和3年3月1日　至令和4年2月28日　　　（単位：千円）

売 上 高			105,800
売 上 原 価			
期 首 商 品 棚 卸 高		4,210	
当 期 商 品 仕 入 高	（　　　　　　）		
合　　　計	（　　　　　　）		
期 末 商 品 棚 卸 高	（　　　　　　）	（　　　　　　）	
（　　　）利益		（　　　　　　）	
販売費及び一般管理費			
給　　　料		20,580	
貸 倒 引 当 金 繰 入	（　　　　　　）		
広 告 宣 伝 費	（　　　　　　）		
水 道 光 熱 費	（　　　　　　）		
支 払 地 代	（　　　　　　）		
減 価 償 却 費	（　　　　　　）	（　　　　　　）	
（　　　）利益		（　　　　　　）	
営 業 外 収 益			
有 価 証 券 利 息	（　　　　　　）		
受 取 配 当 金		440	
受 取 家 賃		2,000	（　　　　　　）
営 業 外 費 用			
有 価 証 券 評 価 損	（　　　　　　）		
為 替 差 損	（　　　　　　）	（　　　　　　）	
経 常 利 益		（　　　　　　）	
特 別 損 失			
棚 卸 減 耗 費	（　　　　　　）	（　　　　　　）	
税 引 前 当 期 純 利 益		（　　　　　　）	
法 人 税 等		6,710	
当 期 純 利 益		（　　　　　　）	

【問4】

ROE（自己資本当期純利益率）
％

※氏名は記入しないこと。

会場コード

受験番号

【禁無断転載】

得　点
点

第208回簿記能力検定試験

1級　商業簿記・会計学　解答用紙

制限時間
【1時間30分】

第1問採点

第1問（20点）

ア	イ	ウ	エ	オ	カ	キ	ク	ケ	コ

第2問採点

第2問（24点）

	借　方　科　目	金　　額	貸　方　科　目	金　　額
1				
2				
3				
4				
5				
6				

第3問採点

第3問 （12点）

(1)	流動比率	％
(2)	当座比率	％
(3)	ＲＯＡ（総資産経常利益率）	％
(4)	ＲＯＥ（自己資本当期純利益率）	％

第4問採点

第4問 （8点）

合 併 貸 借 対 照 表
令和4年10月1日　　　　　　　　（単位：千円）

諸　資　産	（　　　　）	諸　　負　　債	（　　　　）
（　　　　　　）	（　　　　）	資　　本　　金	（　　　　）
		資　本　準　備　金	（　　　　）
		繰　越　利　益　剰　余　金	（　　　　）
	（　　　　）		（　　　　）

第5問採点

第5問 （36点）

【問1】

(1) 未 払 費 用　　　　　　　　　　　千円

(2) 社　　　　　債　　　　　　　　　　　千円

(3) 退職給付引当金　　　　　　　　　　　千円

(4) 繰越利益剰余金　　　　　　　　　　　千円

(5) その他有価証券評価差額金　　　　　　　　　千円

【問2】

貸 借 対 照 表

十和田商事㈱　　　　　　　　　令和4年3月31日　　　　　　（単位：千円）

資 産 の 部	金　　　額	
流 動 資 産		
現 金 預 金		（　　　　　　）
受 取 手 形	125,000	
売 　 掛 　 金	（　　　　　　）	
貸 倒 引 当 金	△ （　　　　　　）	（　　　　　　）
有 価 証 券		（　　　　　　）
（　　　　　　　　）		（　　　　　　）
前 払 費 用		（　　　　　　）
流 動 資 産 合 計		（　　　　　　）
固 定 資 産		
有 形 固 定 資 産		
建 　 　 　 物	980,000	
減 価 償 却 累 計 額	△ （　　　　　　）	（　　　　　　）
備 　 　 　 品	1,240,000	
減 価 償 却 累 計 額	△ （　　　　　　）	（　　　　　　）
有 形 固 定 資 産 合 計		（　　　　　　）
投 資 そ の 他 の 資 産		
投 資 有 価 証 券		（　　　　　　）
子 会 社 株 式		（　　　　　　）
長 期 前 払 費 用		（　　　　　　）
投資その他の資産合計		（　　　　　　）
固 定 資 産 合 計		（　　　　　　）
（　　　　　　）資 産		
（　　　　　　　　）		（　　　　　　）
（　　　　　　）資 産 合 計		（　　　　　　）
資 産 合 計		（　　　　　　）

【問3】

損　益　計　算　書

十和田商事㈱　　自令和3年4月1日　至令和4年3月31日　　（単位：千円）

売　上　高		1,540,000
売　上　原　価		
期首商品棚卸高	123,600	
当期商品仕入高	（　　　　　）	
合　　計	（　　　　　）	
期末商品棚卸高	（　　　　　）	
差　　引	（　　　　　）	
棚卸減耗費	（　　　　　）	
商品評価損	（　　　　　）	（　　　　　）
（　　　）利益		（　　　　　）
販売費及び一般管理費		
給　　料	270,000	
貸倒引当金繰入	（　　　　　）	
（　　　　　）	（　　　　　）	
水道光熱費	10,570	
支払地代	30,000	
減価償却費	（　　　　　）	
支払保険料	（　　　　　）	
（　　　）償却	（　　　　　）	（　　　　　）
（　　　）利益		（　　　　　）
営業外収益		
仕入割引	（　　　　　）	
有価証券評価益	（　　　　　）	
（　　　　　）	（　　　　　）	（　　　　　）
営業外費用		
（　　　　　）	（　　　　　）	
社債利息	（　　　　　）	（　　　　　）
経常利益		（　　　　　）
特別利益		
固定資産売却益	11,000	11,000
税引前当期純利益		（　　　　　）
法人税等		（　　　　　）
当期純利益		（　　　　　）

※氏名は記入しないこと。

会場コード

受験番号

第209回簿記能力検定試験

1級 商業簿記・会計学 解答用紙

得　点
点

制限時間
【1時間30分】

第1問採点

第1問（20点）

ア	イ	ウ	エ	オ	カ	キ	ク	ケ	コ

第2問採点

第2問（24点）

	借　方　科　目	金　　　額	貸　方　科　目	金　　　額
1				
2				
3 (1)				
3 (2)				
4				
5				

第3問（10点）

（単位：千円）

借　方　科　目	金　　額	貸　方　科　目	金　　額
	677,000		677,000
	543,000		543,000
	134,000		134,000

第4問（12点）

（単位：千円）

	令和2年度	令和3年度	令和4年度
工　事　収　益			
工　事　原　価			
工　事　利　益			

第5問（34点）

【問1】

（単位：千円）

負　債　の　部	金　額
流　動　負　債	
支　払　手　形	128,440
買　掛　金	（　　　　　）
未　払　金	（　　　　　）
未　払　費　用	（　　　　　）
未　払　法　人　税　等	（　　　　　）
未　払　消　費　税	（　　　　　）
預　り　金	（　　　　　）
1　年　以　内　償　還　社　債	（　　　　　）
流　動　負　債　合　計	（　　　　　）
固　定　負　債	
社　　　　　債	（　　　　　）
（　　　　　　　　　　　　）	（　　　　　）
退　職　給　付　引　当　金	（　　　　　）
固　定　負　債　合　計	（　　　　　）
負　債　合　計	（　　　　　）
純　資　産　の　部	
株　主　資　本	
資　　本　　金	（　　　　　）
資　本　剰　余　金	
資　本　準　備　金	（　　　　　）
利　益　剰　余　金	
別　途　積　立　金	176,800
繰　越　利　益　剰　余　金	（　　　　　）
利　益　剰　余　金　合　計	（　　　　　）
株　主　資　本　合　計	（　　　　　）
評　価　・　換　算　差　額　等	
その他有価証券評価差額金	（　　　　　）
評　価　・　換　算　差　額　等　合　計	（　　　　　）
純　資　産　合　計	（　　　　　）
負　債　・　純　資　産　合　計	（　　　　　）

【問2】

損　益　計　算　書

金山株式会社　　自令和4年1月1日　至令和4年12月31日　　　（単位：千円）

売　上　高		1,957,100
売　上　原　価		
期首商品棚卸高	101,530	
当期商品仕入高	（　　　　　）	
合　　計	（　　　　　）	
期末商品棚卸高	（　　　　　）	
差　　引	（　　　　　）	
商品評価損	（　　　　　）	（　　　　　）
（　　　　）利益		（　　　　　）
販売費及び一般管理費		
給　　料	（　　　　　）	
（　　　　　　）	（　　　　　）	
貸倒引当金繰入	（　　　　　）	
減価償却費	（　　　　　）	
水道光熱費	（　　　　　）	
修　繕　費	（　　　　　）	（　　　　　）
営　業　利　益		（　　　　　）
営　業　外　収　益		
有価証券利息	30	
有価証券運用益	（　　　　　）	
（　　　　　　）	（　　　　　）	（　　　　　）
営　業　外　費　用		
社　債　利　息	（　　　　　）	
（　　　　　　）	（　　　　　）	
手　形　売　却　損	1,400	（　　　　　）
経　常　利　益		（　　　　　）
特　別　利　益		
（　　　　　　）	（　　　　　）	（　　　　　）
特　別　損　失		
棚卸減耗費	（　　　　　）	（　　　　　）
税引前当期純利益		（　　　　　）
法　人　税　等		68,000
当　期　純　利　益		（　　　　　）

※氏名は記入しないこと。

会場コード

受験番号

第210回簿記能力検定試験

1級 商業簿記・会計学 解答用紙

得 点
点

制限時間
【1時間30分】

第1問採点

第1問 （20点）

ア	イ	ウ	エ	オ	カ	キ	ク	ケ	コ

第2問採点

第2問 （24点）

	借 方 科 目	金 額	貸 方 科 目	金 額
1				
2				
3				
4				
5				
6				

第3問採点

第3問 （12点）

（単位：千円）

①	②	③	④

⑤	⑥

第4問採点

第4問 （10点）

本 支 店 合 併 貸 借 対 照 表
令和5年3月31日　　　（単位：千円）

諸　　資　　産	（　　　　　）	諸　　　負　　　債	（　　　　　）
		資　　本　　金	（　　　　　）
		資　本　剰　余　金	（　　　　　）
		利　益　剰　余　金	（　　　　　）
	（　　　　　）		（　　　　　）

第5問採点

第5問 （34点）

【問1】

(1) 現金預金　　　　　　　　　　　　　　　　　千円

(2) 有価証券　　　　　　　　　　　　　　　　　千円

(3) 商品　　　　　　　　　　　　　　　　　千円

(4) のれん　　　　　　　　　　　　　　　　　千円

【問2】　　　　　　　　　　　　　　　　　（単位：千円）

負　債　の　部	金　　額
流　動　負　債	
支　払　手　形	50,000
買　　掛　　金	(　　　　　　)
未　払　費　用	(　　　　　　)
未　払　法　人　税　等	(　　　　　　)
(　　　　　　　　　)	(　　　　　　)
1年以内返済長期借入金	(　　　　　　)
流　動　負　債　合　計	(　　　　　　)
固　　定　　負　　債	
長　期　借　入　金	(　　　　　　)
退　職　給　付　引　当　金	(　　　　　　)
固　定　負　債　合　計	(　　　　　　)
負　債　合　計	(　　　　　　)
純　資　産　の　部	
株　　主　　資　　本	
資　　本　　金	(　　　　　　)
資　本　剰　余　金	
資　本　準　備　金	(　　　　　　)
利　益　剰　余　金	
利　益　準　備　金	20,000
繰　越　利　益　剰　余　金	(　　　　　　)
利　益　剰　余　金　合　計	(　　　　　　)
株　主　資　本　合　計	(　　　　　　)
純　資　産　合　計	(　　　　　　)
負　債　・　純　資　産　合　計	(　　　　　　)

【問3】

損　益　計　算　書

奥羽物産㈱　　　令和4年4月1日～令和5年3月31日　　　（単位：千円）

売　上　高		1,196,000
売　上　原　価		
期首商品棚卸高	47,600	
当期商品仕入高	683,800	
合　　　計	731,400	
期末商品棚卸高	（　　　　　）	
差　　　引	（　　　　　）	
棚卸減耗費	（　　　　　）	
商品評価損	（　　　　　）	（　　　　　　　）
売上総利益		（　　　　　　　）
販売費及び一般管理費		
給料手当	141,000	
退職給付費用	（　　　　　）	
貸倒引当金繰入	（　　　　　）	
旅費交通費	10,180	
水道光熱費	5,420	
減価償却費	（　　　　　）	
保険料	（　　　　　）	
（　　　　　　）	（　　　　　）	
雑　　　費	1,713	（　　　　　　　）
営業利益		（　　　　　　　）
営業外収益		
受取配当金	410	
有価証券利息	（　　　　　）	（　　　　　　　）
営業外費用		
支払利息	（　　　　　）	
（　　　　　　）	（　　　　　）	（　　　　　　　）
税引前当期純利益		（　　　　　　　）
法人税等		（　　　　　　　）
当期純利益		（　　　　　　　）

会場コード

受験番号

第211回簿記能力検定試験
1級　商業簿記・会計学　解答用紙

得　点
点

制限時間
【1時間30分】

第1問採点

第1問 (20点)

ア	イ	ウ	エ	オ	カ	キ	ク	ケ	コ

第2問採点

第2問 (24点)

	借　方　科　目	金　　額	貸　方　科　目	金　　額
1 (1)				
1 (2)				
2				
3				
4				
5				

第3問採点

第3問 （8点）

銀 行 勘 定 調 整 表　　　　　（単位：円）

当 座 預 金 勘 定 残 高	629,000	残 高 証 明 書 残 高	755,000
（加　算）		（加　算）	
〔　　　　　〕（　　　　）		〔　　　　　〕（　　　　）	
〔　　　　　〕（　　　　）		〔　　　　　〕（　　　　）	
（減　算）		（減　算）	
〔　　　　　〕（　　　　）		〔　　　　　〕（　　　　）	
（　　　　）		（　　　　）	

第4問採点

第4問 （10点）

連 結 精 算 表
令和4年10月1日　　　　　　　　　　（単位：千円）

勘 定 科 目	大衡株式会社 借方	大衡株式会社 貸方	丸森株式会社 借方	丸森株式会社 貸方	修 正 消 去 借方	修 正 消 去 貸方	連結貸借対照表 借方	連結貸借対照表 貸方
諸 資 産	732,000		580,000					
子 会 社 株 式	168,000							
諸 負 債		258,000		330,000				
資 本 金		430,000		110,000				
利 益 剰 余 金		212,000		140,000				
評 価 差 額								
の れ ん								
（　　　　　）								
	900,000	900,000	580,000	580,000				

第5問採点

第5問 （38点）

【問1】

(1) 商　品　券　　　　　　　　　　千円

(2) 退職給付引当金　　　　　　　　千円

(3) その他資本剰余金　　　　　　　千円

【問2】

貸 借 対 照 表

松島株式会社　　　　　　　令和5年3月31日　　　　　　　（単位：千円）

資 産 の 部	金　　　額	
流 動 資 産		
現 金 預 金		（　　　　　）
受 取 手 形	（　　　　　）	
売 掛 金	315,600	
貸 倒 引 当 金	△（　　　　　）	（　　　　　）
有 価 証 券		（　　　　　）
（　　　　　　　）		（　　　　　）
前 払 費 用		（　　　　　）
未 収 収 益		（　　　　　）
流 動 資 産 合 計		（　　　　　）
固 定 資 産		
有 形 固 定 資 産		
建 物	1,320,000	
減 価 償 却 累 計 額	△（　　　　　）	（　　　　　）
備 品	1,728,000	
減 価 償 却 累 計 額	△（　　　　　）	（　　　　　）
有 形 固 定 資 産 合 計		（　　　　　）
投 資 そ の 他 の 資 産		
投 資 有 価 証 券		（　　　　　）
長 期 前 払 費 用		（　　　　　）
投 資 そ の 他 の 資 産 合 計		（　　　　　）
固 定 資 産 合 計		（　　　　　）
（　　　　　）資 産		
開 発 費		（　　　　　）
（　　　　　）資 産 合 計		（　　　　　）
資 産 合 計		（　　　　　）

【問3】

損 益 計 算 書

松島株式会社　　自令和4年4月1日　至令和5年3月31日　　（単位：千円）

売　上　高		（　　　　　　）
売　上　原　価		
期首商品棚卸高	122,760	
当期商品仕入高	（　　　　　　）	
合　　計	（　　　　　　）	
期末商品棚卸高	（　　　　　　）	
差　　引	（　　　　　　）	
商　品　評　価　損	（　　　　　　）	（　　　　　　）
売上総利益		（　　　　　　）
販売費及び一般管理費		
貸倒引当金繰入	（　　　　　　）	
給　　料	（　　　　　　）	
（　　　　　　）	（　　　　　　）	
水　道　光　熱　費	（　　　　　　）	
支　払　地　代	67,495	
減　価　償　却　費	（　　　　　　）	
保　　険　　料	（　　　　　　）	
開　発　費　償　却	（　　　　　　）	（　　　　　　）
（　　　　）利益		（　　　　　　）
営　業　外　収　益		
有　価　証　券　利　息	（　　　　　　）	
有　価　証　券　運　用　益	（　　　　　　）	
仕　入（　　　　）	（　　　　　　）	
（　　　　　　）	（　　　　　　）	（　　　　　　）
営　業　外　費　用		
（　　　　　　）	（　　　　　　）	
支　払　利　息	（　　　　　　）	（　　　　　　）
（　　　　）利益		（　　　　　　）
特　別　損　失		
棚　卸　減　耗　費	（　　　　　　）	（　　　　　　）
税引前当期純利益		（　　　　　　）
法　人　税　等		13,500
当　期　純　利　益		（　　　　　　）

会場コード	

受験番号	

第212回簿記能力検定試験

1級 商業簿記・会計学 解答用紙

得 点	
	点

制限時間
【1時間30分】

第1問採点

第1問（20点）

ア	イ	ウ	エ	オ	カ	キ	ク	ケ	コ

第2問採点

第2問（24点）

	借 方 科 目	金 額	貸 方 科 目	金 額
1				
2 (1)				
2 (2)				
3				
4				
5				

第3問採点

第3問（12点）

(1)	流動比率		％
(2)	当座比率		％
(3)	総資産負債比率		％
(4)	自己資本比率		％
(5)	ＲＯＡ（総資産経常利益率）		％
(6)	ＲＯＥ（自己資本当期純利益率）		％

第4問採点

第4問（8点）

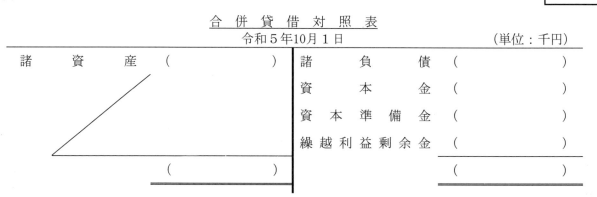

合　併　貸　借　対　照　表
令和5年10月1日　　　　　　（単位：千円）

諸　資　産	（　　　　　）	諸　負　債	（　　　　　）
		資　本　金	（　　　　　）
		資　本　準　備　金	（　　　　　）
		繰　越　利　益　剰　余　金	（　　　　　）
	（　　　　　）		（　　　　　）

第5問採点

第5問（36点）

【問1】

(1) 現金及び預金　　　　　　［　　　　　　　　］千円

(2) 商　　　　品　　　　　　［　　　　　　　　］千円

(3) 関係会社株式　　　　　　［　　　　　　　　］千円

(4) 長期前払費用　　　　　　［　　　　　　　　］千円

【問2】　　　　　　　　　　　　　　　　　　　　　（単位：千円）

負　債　の　部	金　　額
流　動　負　債	
支　払　手　形	180,000
買　　掛　　金	210,000
未　　払　　金	（　　　　　）
未　払　費　用	（　　　　　）
未　払　法　人　税　等	（　　　　　）
（　　　　　　　　）	（　　　　　）
預　　り　　金	6,460
流　動　負　債　合　計	（　　　　　）
固　定　負　債	
繰　延　税　金　負　債	（　　　　　）
社　　　　　債	（　　　　　）
退　職　給　付　引　当　金	（　　　　　）
固　定　負　債　合　計	（　　　　　）
負　債　合　計	（　　　　　）
純　資　産　の　部	
株　主　資　本	
資　　本　　金	（　　　　　）
資　本　剰　余　金	
資　本　準　備　金	（　　　　　）
利　益　剰　余　金	
利　益　準　備　金	16,000
繰　越　利　益　剰　余　金	（　　　　　）
利　益　剰　余　金　合　計	（　　　　　）
株　主　資　本　合　計	（　　　　　）
評　価　・　換　算　差　額　等	
（　　　　　　　　）	（　　　　　）
評価・換算差額等合計	（　　　　　）
純　資　産　合　計	（　　　　　）
負　債　・　純　資　産　合　計	（　　　　　）

【問3】

損　益　計　算　書

富岡物産㈱　　　自令和4年4月1日　至令和5年3月31日　　　（単位：千円）

売　上　高		（　　　　　）
売　上　原　価		
期首商品棚卸高	115,500	
当期商品仕入高	（　　　　　）	
合　　計	（　　　　　）	
期末商品棚卸高	（　　　　　）	
差　　引	（　　　　　）	
棚　卸　減　耗　費	（　　　　　）	
商　品　評　価　損	（　　　　　）	（　　　　　）
（　　　　　）利益		（　　　　　）
販売費及び一般管理費		
給　　　　料	300,000	
貸倒引当金繰入	（　　　　　）	
（　　　　　　）	（　　　　　）	
水　道　光　熱　費	16,000	
支　払　地　代	40,000	
減　価　償　却　費	（　　　　　）	
支　払　保　険　料	（　　　　　）	（　　　　　）
（　　　　　）利益		（　　　　　）
営　業　外　収　益		
有価証券運用益	（　　　　　）	
（　　　　　　）	（　　　　　）	（　　　　　）
営　業　外　費　用		
（　　　　　　）	（　　　　　）	
社　債　利　息	（　　　　　）	（　　　　　）
経　常　利　益		（　　　　　）
特　別　利　益		
固定資産売却益	12,000	12,000
税引前当期純利益		（　　　　　）
法　人　税　等		（　　　　　）
当　期　純　利　益		（　　　　　）

※氏名は記入しないこと。

会場コード

受験番号

得　点
点

第213回簿記能力検定試験
1級　商業簿記・会計学　解答用紙

制限時間
【1時間30分】

第1問採点

第1問（20点）

ア	イ	ウ	エ	オ	カ	キ	ク	ケ	コ

第2問採点

第2問（24点）

	借　方　科　目	金　　額	貸　方　科　目	金　　額
1				
2				
3				
4				
5				
6				

第3問採点

第3問 （12点）

（単位：千円）

①	②	③	④

⑤	⑥

第4問採点

第4問 （10点）

連結精算表

令和5年10月1日

（単位：千円）

勘定科目	越中株式会社		八尾株式会社		修正消去		連結貸借対照表	
	借　方	貸　方	借　方	貸　方	借　方	貸　方	借　方	貸　方
諸　資　産	783,000		350,000					
子会社株式	147,000							
の　れ　ん								
諸　負　債		219,000		148,000				
資　本　金		300,000		50,000				
利益剰余金		411,000		152,000				
評　価　差　額								
（　　　　　）								
	930,000	930,000	350,000	350,000				

第5問採点

第5問 （34点）

【問1】

（単位：千円）

	借　方　科　目	金　額	貸　方　科　目	金　額
1				
2				
3				

【問2】

貸 借 対 照 表

立山株式会社　　　　　　　令和5年5月31日　　　　　（単位：千円）

資 産 の 部	金　　　　　額	
流 動 資 産		
現 金 及 び 預 金	（　　　　　）	
受 取 手 形	6,400	
売 　 掛 　 金	（　　　　　）	
貸 倒 引 当 金	△（　　　　　）	（　　　　　）
有 価 証 券		（　　　　　）
商 　 　 　 品		（　　　　　）
（　　　　　　　　　）		（　　　　　）
流 動 資 産 合 計		（　　　　　）
固 定 資 産		
有 形 固 定 資 産		
建 　 　 　 物	14,400	
減 価 償 却 累 計 額	△（　　　　　）	（　　　　　）
備 　 　 　 品	（　　　　　）	
減 価 償 却 累 計 額	△（　　　　　）	（　　　　　）
土 　 　 　 地		16,800
有 形 固 定 資 産 合 計		（　　　　　）
投 資 そ の 他 の 資 産		
投 資 有 価 証 券		（　　　　　）
投 資 そ の 他 の 資 産 合 計		（　　　　　）
固 定 資 産 合 計		（　　　　　）
資 　 産 　 合 　 計		（　　　　　）

負債・純資産の部	金　　　　　額	
負 債 の 部		
買 　 掛 　 金	（　　　　　）	
未 払 法 人 税 等	（　　　　　）	
未 払 消 費 税	（　　　　　）	
預 　 り 　 金	680	
負 債 合 計	（　　　　　）	
純 資 産 の 部		
（ 以 下 省 略 ）		

【問3】

損 益 計 算 書

立山株式会社　　　自令和4年6月1日　至令和5年5月31日　　　（単位：千円）

売　上　高		137,800
売　上　原　価		
期首商品棚卸高	5,750	
当期商品仕入高	（　　　　　）	
合　　計	（　　　　　）	
期末商品棚卸高	（　　　　　）	（　　　　　）
（　　　　）利益		（　　　　　）
販売費及び一般管理費		
給　　料	26,170	
貸倒引当金繰入	（　　　　　）	
広　告　宣　伝　費	（　　　　　）	
減　価　償　却　費	（　　　　　）	
水　道　光　熱　費	（　　　　　）	
支　払　リ　ー　ス　料	（　　　　　）	（　　　　　）
（　　　　）利益		（　　　　　）
営　業　外　収　益		
受　取　配　当　金	520	
有　価　証　券　利　息	（　　　　　）	
受　取　地　代	1,450	（　　　　　）
営　業　外　費　用		
有　価　証　券　評　価　損	（　　　　　）	
為　替　差　損	（　　　　　）	（　　　　　）
経　常　利　益		（　　　　　）
特　別　損　失		
棚　卸　減　耗　費	（　　　　　）	（　　　　　）
税引前当期純利益		（　　　　　）
法　人　税　等		9,810
当　期　純　利　益		（　　　　　）

【問4】

ＲＯＥ（自己資本当期純利益率）
％